D0827104

LEON RENARD

LE CANCER
APPRIVOISÉ

Les ressources insoupçonnées
de l'être humain

Editions Vivez Soleil

Couverture :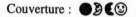

Copyright © 1990 Editions Vivez Soleil,
CH-1225 Chêne-Bourg / Genève
ISBN : 2-88058-061-7

Copyright © 1996 Editions Vivez Soleil,
CH-1225 Chêne-Bourg / Genève
ISBN : 2-88058-149-4

Tous droits réservés

Table des matières

Préface du docteur Christian Tal Schaller

Christian Tal Schaller, médecin, pratique depuis 25 ans les médecines douces et les méthodes de santé issues des traditions anciennes. Pionnier de la médecine holistique européenne, il enseigne la psychoneuroimmunologie, la psychothérapie transpersonnelle, la thérapie par le rire, la régression dans les vies antérieures, la guérison chamanique et autres techniques de régénération. En affirmant "la Santé, ça s'apprend !", il propose un véritable œcuménisme médical au service de l'éducation à la santé globale. Il collabore avec de nombreux centres de santé et de recherche du mieux-vivre dans le monde. Il a créé les Éditions Vivez Soleil et est l'auteur d'une vingtaine de livres devenus des classiques en matière de santé. Avec sa femme, Johanne Razanamahay, il dirige l'Ecole de Bien-être et d'Harmonie Santé-Soleil à Genève et l'Institut de Recherches et d'Applications en Santé Globale au Domaine de Faujas à Taulignan, en Drôme Provençale (France). Ils donnent ensemble des conférences, ateliers, séminaires d'entreprises, formations d'animateurs et d'éducateurs de santé holistique.

J'admire le travail qu'a réalisé M. Léon Renard. Il a eu le courage de remettre en question les dogmes de la médecine orthodoxe pour chercher, dans une quête qui a duré de très nombreuses années, des moyens permettant d'aider les cancéreux à cesser de subir leur maladie pour découvrir comment se prendre en charge.

Il y a en effet deux façons d'aborder la maladie. Ou bien on est terrassé par le diagnostic et on se considère comme une victime impuissante qui n'est pas responsable de ce qui lui arrive. Ou bien on comprend le message profond de la maladie, qui est un appel au changement, un signal avertisseur que notre mode de vie n'est plus en harmonie avec la nature. Lorsqu'un symptôme apparaît, comme une lumière rouge qui clignote au tableau de bord, il ne s'agit pas de dévisser l'ampoule et de continuer sa route, mais bien d'aller rechercher dans le moteur la cause du problème, c'est-à-dire d'examiner ce qui, dans notre façon de vivre, nous a conduits à la maladie. Cela est vrai aussi bien pour un rhume de cerveau que pour un cancer déclaré ! Et il est réellement hallucinant de constater l'étrange façon de faire de tant de médecins modernes, qui se contentent d'effacer les symptômes sans penser aux dangers qu'ils font courir à leurs patients en laissant subsister les causes mêmes de leurs maux !

Hippocrate nous disait, il y a déjà 2000 ans, que « les maladies ne sont pas l'effet du hasard, mais la conséquence d'un certain mode de vie. » Ainsi, le retour à la santé ne peut se faire que par l'apprentissage d'une vie différente. Si nous continuons à maintenir les habitudes psychiques et physiques qui nous ont amenés à une maladie comme le cancer, il est évident que les traitements, quels qu'ils soient, ne seront que palliatifs et ne pourront pas, à eux seuls, amener à une vraie guérison. Traiter les symptômes au coup par coup ne suffit pas : il faut aller à la racine des problèmes en changeant son mode de vie psychique, émotionnel, mental, spirituel. Lorsque la décision d'aller vers la santé est prise, le psychisme mobilise des ressources de santé fantastiques qui vont, avec le soutien des thérapies, permettre de se délivrer du joug de la maladie.

La guérison n'est pas un état stable, mais un équilibre dynamique. Elle n'est pas un diplôme que l'on reçoit et qui resterait valable une fois pour Toute. Elle consiste à maintenir, en toute circonstance, le dynamisme personnel qui permet de se délivrer des schémas mentaux limités qui ont entravé l'action. Pour guérir, il faut avoir le courage de faire confiance aux forces de vie qui sont en nous et agir pour vivre d'une façon qui permette à notre corps de rester sain et vigoureux.

Au fil de ces dernières décennies, on s'est aperçu que la médecine chimique et chirurgicale restait impuissante devant le fléau des maladies de civilisation que sont les maladies cardio-vasculaires, le cancer, le sida, les rhumatismes, les allergies, etc. En effet, la médecine moderne a cherché à lutter contre les maladies pour les faire disparaître. Considérées comme des ennemies implacables attaquant sans raison des individus innocents, les maladies devaient être éliminées par les moyens les plus radicaux. Le développement des méthodes chirurgicales et chimiques est issu d'une vision militaire : la paix de la santé régnera lorsque la maladie-ennemie aura été vaincue. Toute la phraséologie guerrière qui fleurissait dans les années 1914-18 a survécu dans le monde médical bien au-delà de la Seconde Guerre mondiale. On a, par exemple, clamé que la lutte contre le cancer allait déboucher sur des triomphes éclatants... la victoire n'est jamais venue. Malgré les milliards consacrés à la recherche, le cancer frappe chaque année davantage de gens et rien ne permet d'espérer une amélioration de la situation dans un proche avenir.

Sur tous les fronts de la médecine, les baïonnettes chirurgicales et les canons chimiothérapeutiques n'ont pas réussi à instaurer la paix de la santé. Pire, les maladies iatrogènes (c'est-à-dire causées par les traitements médicaux) sont devenues plus dangereuses que les épidémies du passé. La médicalisation de notre santé est devenue un véritable cancer social.

Accaparée par l'étude technique des maladies et inféodée à la toute-puissante industrie pharmaceutique, la médecine orthodoxe moderne a abandonné la vision holistique des médecines traditionnelles anciennes, vision qui tient compte de l'ensemble du mode de vie des patients. Le docteur Paul Carton écrivait, en 1930 déjà :

« Finalement, le laboratoire a écrasé la clinique, l'artificiel a primé sur le naturel. La science matérialiste a tué l'art médical et le commerce scientifique a étouffé la conscience chez trop de médecins. Ç'est l'enseignement matérialiste d'école qui est responsable de la plupart des errements actuels. La polypharmacie et l'escrime des piqûres ont réduit la profession médicale à une oeuvre de distribution automatique de soins physiques et chimiques qui se résume en ces mots : droguer, piquer, irradier, couper. »

Les médecins praticiens se trouvent prisonniers d'un terrible engrenage économique : leur revenu ne dépend pas du temps passé à aider leurs malades à apprendre à gérer leur capital santé, mais est proportionnel au nombre d'actes

médicaux effectués. Que penser d'un système où les médecins, pour maintenir leur équilibre économique, doivent
pratiquer une médecine beaucoup trop rapide et n'ont pas le
temps d'enseigner à leurs patients les lois de la santé, lois
dont ils n'ont d'ailleurs jamais entendu parler dans les facultés de médecine! Pourtant, comme Hippocrate le disait:
« C'est la nature qui guérit les maladies. Le médecin doit
prendre ses leçons dans la nature. »

Hélas, les sirènes de la science et du profit ont fait
oublier la voix de la sagesse et du bon sens.

Néanmoins, à l'intérieur comme à l'extérieur du monde
médical, une réaction aux aberrations d'un système inhumain
et de plus en plus onéreux se fait jour. Au concept de la
« maladie-ennemie » se substitue celui de la « maladie-leçon
de santé », qui consiste à s'orienter vers une approche globale, holistique, permettant aux patients de découvrir les
relations de cause à effet entre leur mode de vie et les troubles de santé qu'ils subissent, puis à leur enseigner peu à peu
comment préserver leur immunité et accroître leur vitalité.

Dans cette nouvelle perspective, un ouvrage comme celui
de Léon Renard peut être d'une grande utilité. Non seulement il nous fait part avec clarté des recherches de tous les
auteurs importants dans ce domaine, mais il y ajoute toute sa
riche expérience de thérapeute.

Mes études personnelles, durant ces vingt dernières
années, et mon expérience de médecin praticien m'ont montré la valeur des thèses présentées dans cet ouvrage. J'ai pu
observer des centaines de fois que des modifications du
mode de vie sur tous les plans, physique, émotionnel, mental
et spirituel, permettaient d'obtenir des résultats tout à fait
remarquables dans le traitement du cancer. Je suis donc persuadé que le cancer n'est pas une fatalité, mais l'occasion de
nous diriger vers la santé. A la Bibliothèque Soleil, à
Genève, nous avons de très nombreux ouvrages écrits par
des anciens malades du cancer qui racontent comment ils se
sont frayés un chemin vers la guérison.

Le cancer est un nom collectif qui sert à désigner toute
une série d'affections dûment classifiées et se caractérisant

toutes par des croissances de cellules anormales. Pourtant le fait d'avoir créé ces classifications n'a amené aucun éclaircissement sur la nature réelle du cancer. Toute la médecine orthodoxe s'est fondée sur l'hypothèse cellulaire qui pensait que le cancer est une maladie locale, consistant en la formation d'une tumeur, d'un ensemble de cellules anormales dont la croissance se fait de façon autonome et ne peut être arrêtée.

Or il est étonnant de constater que cette hypothèse n'a jamais été scientifiquement vérifiée. Le temps aidant, la plupart des gens ont oublié que toute la recherche de notre époque sur le cancer s'est appuyée sur cette hypothèse. Tous les traitements par chirurgie, les rayons X et les agents chimiques sont fondés sur cette « vieille idée », qui débouche sur le principe guerrier de chercher à tout prix à détruire les cellules cancéreuses. Or le cancer n'est pas une maladie locale mais une maladie générale, dont le principal problème est la baisse du système immunitaire qui ne fait plus son travail d'élimination des cellules cancéreuses. Enlever les cellules anormales ou les tumeurs ne résout en aucun cas le problème de fond. Le point capital, c'est agir globalement au niveau du mode de vie pour permettre à l'organisme de « faire son ménage » lui-même. Des travaux scientifiques de haut niveau ont montré que, lorsque les conditions de vie changent, des cellules cancéreuses peuvent redevenir normales. Ces travaux, ainsi que le développement de la médecine holistique, devraient permettre de ne plus se cantonner à une thérapeutique de destruction des cellules cancéreuses, mais à une approche de soutien global aux forces de guérison de l'organisme. La guérison ne vient jamais de l'extérieur. Elle est un processus interne qui se fait naturellement et spontanément si nous laissons notre corps faire son travail. Mais si les habitudes psychiques et physiques sont constamment immunodépressives, alors la maladie se développe et gagne du terrain, quels que soient les traitements appliqués.

Lecteurs, appréciez cette information et faites-la circuler autour de vous. Car, en fin de compte, la maladie est le fruit de l'ignorance. Par conséquent, les informations que nous apporte Léon Renard sont d'une grande valeur pour ceux qui conçoivent qu'un monde délivré de la maladie peut devenir réalité si nous ouvrons notre conscience à la lumière de la connaissance et si nous nous délivrons de nos habitudes de vie artificielles. La santé est possible, elle s'apprend en cherchant à vivre en harmonie avec la nature, dans le respect des lois de la vie.

Docteur Christian Tal Schaller

INTRODUCTION

Serait-il possible que j'aie un jour le...?
Ce symptôme, ne serait-ce pas le...?

Tout le monde en parle, la plupart des gens en ont peur, on dépense des milliards, beaucoup d'hypothèses voient le jour et pourtant les malades continuent à mourir du cancer.

Pour le grand nombre, le cancer reste une maladie sur laquelle on n'a pas prise, une maladie dont on ne connaît rien, une maladie qui fait peur.

Le diagnostic, à lui seul, déclenche un immense sentiment de panique, de dévalorisation, d'impuissance devant un destin implacable et toutes les informations à notre portée ne font que renforcer ce terrorisme mental.

L'idée, trop largement admise, que le cancer tue inévitablement, affecte profondément la façon dont nous réagissons vis-à-vis de lui, en augmentant nos sentiments d'impuissance et de désespoir.

Le cancer n'est pas, comme certains le pensent encore, une maladie héréditaire, une maladie à virus ou à microbes, mais une maladie de l'organisme total, incluant le physique et le psychique.

L'homme n'est pas qu'un corps, c'est un être double, constitué d'une partie matérielle (le corps) et d'une partie immatérielle (l'esprit et l'âme).

Aujourd'hui, on redécouvre que notre corps n'est pas seul en cause dans la maladie. Nos émotions, notre sensibilité, la manière dont nous vivons, jouent aussi un rôle.

Si nous avons le pouvoir de nous rendre malades et de détruire un système aussi compliqué et aussi précieux que notre corps, c'est que nous avons en nous une force et une énergie formidables. Il ne tient qu'à nous d'inverser le processus et d'utiliser cette énergie pour guérir.

De nouvelles manières de soigner sont en train de naître, qui s'efforcent de traiter à la fois le psychisme et le corps.

Les éléments qui permettent une meilleure compréhension de cette maladie sont à notre disposition. Des chercheurs se penchent sur la manière de renverser le processus de la maladie et d'amplifier les conditions dans lesquelles des attitudes, des croyances optimistes et positives, ainsi qu'un changement de style de vie, peuvent guérir le corps et l'esprit affligés.

Depuis quelques années, j'ai progressivement développé une approche psychologique de la maladie : la « psycho-immunologie » (*immunis* = intact, préservé, et le suffixe *logie* = étude). La psycho-immunologie a donc pour but l'étude des phénomènes psychiques qui préservent l'individu de la maladie, qui l'immunisent.

La psycho-immunologie utilise la **loi d'airain du cancer** du **docteur HAMER**, l'une des découvertes les plus importantes de notre époque et, pour beaucoup encore, la plus révolutionnaire, car on cherche toujours le cancer dans la cellule, dans les chromosomes.

J'ai voulu écrire ce livre pour démystifier le cancer, pour renverser la vapeur du défaitisme, afin de renforcer notre immunité à tous les niveaux. Si nous voulons maintenir un système immunitaire sans défaillance, il convient de nous libérer de toute tension, peur, dévalorisation.

L'imagination renforce l'équilibre de notre système nerveux et hormonal en empêchant les événements stressants d'avoir un effet négatif sur notre organisme.

Un malade qui ne connaît pas la vérité ne se prend pas en main ; il espère souvent passivement l'apparition de la guérison ou attend, résigné, que survienne la mort. Dans les deux cas, il attend.

Il faut rendre au cancer son caractère sociable, ne plus le considérer comme un ennemi mortel, mais comme l'un des moyens ultimes de notre propre sauvegarde.

Ce livre vous invite à apprivoiser le cancer, que ce soit curativement ou préventivement, à comprendre son message et à en faire un allié sur le chemin de l'évolution.

Un jour, le monde changera

Le docteur M. se trouve coincé dans un embouteillage alors qu'il se rend à son cabinet de l'hôpital X. Il est neuf heures du matin, le soleil est voilé par une légère couche de brume, l'air est déjà très étouffant. Plusieurs fois, il doit éponger son front ruisselant de sueur.

Une chaleur aussi matinale est rare, pense-t-il. Après avoir desserré son col, il pense aux interventions qui l'attendent en chirurgie. Pour la seconde fois depuis le début de l'année, le docteur M., un grand gaillard énergique, maudit son métier.

Il se rappelle encore la première fois, il y a cinq mois. C'était en mars, au printemps, le petit Patrick était admis à l'hôpital où il travaille. Très vite, il s'était pris d'amitié pour ce garçon de dix ans, car il ressemblait au fils du même âge qu'il avait perdu dans un accident cinq ans plus tôt. Il avait vu son fils mourir dans ses bras sans pouvoir rien faire pour lui sauver la vie. Déjà, à cette époque, il s'était senti impuissant devant la fatalité.

Quand Patrick avait été admis au service des urgences, il venait de se casser la jambe.

Quelques heures auparavant, le petit garçon avait appris, par hasard, alors qu'il descendait l'escalier au sortir de sa chambre, le diagnostic que l'on communiquait à sa maman par téléphone. Sa mère répétait : « Non, pas ça, ce n'est pas possible, pas la leucémie... »

Pendant quelques secondes, il était resté comme pétrifié et, sans réfléchir, il était remonté dans sa chambre et avait sauté par la fenêtre.

En voyant Patrick, le docteur M., avait repensé à son fils et il s'était entendu dire : « Il doit vivre, il faut que je fasse tout pour qu'il guérisse. »

Le jeune garçon était livide et complètement effondré. Obsédé par le diagnostic, il refusait de parler, il ne se plaignait même pas de la douleur.

Après avoir réduit la fracture, le docteur M. s'était renseigné sur la gravité des valeurs sanguines. Le verdict était douloureux : « leucémie lymphoblastique indifférenciée aiguë ». De plus, les radios révélaient au squelette des infiltrats leucémico-métastasiques d'un degré de malignité maximum.

Deux semaines plus tard, Patrick était toujours apathique et n'arrivait plus à répondre aux questions. On lui administrait toutes les heures des doses massives de calmants.

Le docteur M. s'assit, démoralisé, au chevet de l'enfant et se mit à pleurer à chaudes larmes. Patrick, qui depuis une semaine était en proie à une panique totale, le regarda, lui prit la main et lui dit : « Parle-moi de Jacques » (son fils qui a été tué dans un accident).

Pendant plus d'une heure, ils parlèrent ensemble. Patrick s'exprimait avec difficulté car il était très affaibli à cause de l'anémie, mais quelque chose avait changé en lui car il déclara : « Tu es si gentil et si différent des autres médecins que pour toi je veux guérir. »

Les jours qui suivirent, une complicité s'installa entre eux et, malgré les douleurs qu'il ressentait dans les os, malgré la gravité des formules sanguines, il avait décidé de guérir pour le gentil docteur. Il se remit progressivement à manger, à jouer et à rire. Il y eut de nombreuses complications mais, comme par miracle, il réussissait à les dépasser sans paniquer, persuadé qu'avec l'aide du gentil docteur il guérirait.

Deux mois plus tard, il put rentrer chez lui les weekends. Tout allait progressivement de mieux en mieux.

Le docteur M. se rappelle encore la joie de l'enfant quand celui-ci l'avait invité pour son anniversaire le 12 août.

Nous sommes aujourd'hui le 8 août, pensa-t-il en garant sa voiture dans le parking de l'hôpital.

Patrick vient d'être admis en salle d'opération, le patron a décidé, avec l'accord des parents, de profiter de la rémission spontanée incompréhensible pour pratiquer une greffe de la moelle. Cela devrait augmenter les chances de survie à long terme.

Le docteur M. sait très bien qu'un tiers seulement des patients survit à cette opération. Il maudit, pour la deuxième fois, son métier. Il a l'impression, en prenant note du protocole, de lire un arrêt de mort.

Avant de s'endormir sous l'effet de l'anesthésie, Patrick, confiant, sourit au docteur M.

Quelques heures plus tard, dans les jardins proches de l'hôpital, un homme pleure.

Cet homme, ce médecin au grand coeur, qui venait de découvrir la force de la foi et de la confiance, ne pourra assister à l'anniversaire de Patrick car ce dernier a succombé à l'opération.

Si vous étiez passé ce jour-là dans ce jardin, vous auriez entendu un homme monologuer : « Combien de temps faudra-t-il encore attendre pour que l'on trouve un traitement efficace contre le cancer, nom de D... ! » C'était le docteur au grand coeur.

CHAPITRE I

La maladie, un langage

Pourquoi cette maladie ? Qu'a-t-elle à m'apprendre ?

Pourquoi soudain mon corps physique se laisse-t-il envahir par des déséquilibres, par des microbes, des virus, des cellules malignes ?

Depuis des millénaires, l'homme a appris à communiquer avec ses semblables; il a élaboré progressivement un langage et une écriture pour ses besoins.

Aujourd'hui, nous sommes en plein dans l'ère de la communication; l'homme communique par câble, par radio, par satellite, il communique avec la machine, il envoie des messages dans l'espace...

Toujours occupé à chercher à communiquer à l'extérieur de plus en plus loin dans l'infiniment grand et dans l'infiniment petit, il en oublie de communiquer avec ses semblables et, le plus important, avec lui-même.

La maladie nous transmet un message.

L'homme a élaboré un langage formé de mots et de phrases pour communiquer. Il possède également des symboles qui communiquent au-delà des mots : les uns psychiques (rêves, cauchemars, intuitions...), les autres physiques (douleurs, symptômes, pathologies...).

La maladie est un moyen de communication.

Certains affects, certains conflits non totalement exprimés par les mots et par les émotions se disent avec le corps.

Ce dernier les crie ou les hurle parfois jusqu'à mettre en danger la vie du sujet concerné.

Cette manifestation physique d'un problème de conscience survient toujours lorsque la situation conflictuelle est vécue dans l'isolement et qu'elle n'a pas été exprimée verbalement ou extériorisée par des actes.

Selon ses expériences, son histoire, l'individu prononce, en les marquant dans son corps, les mots qu'il ne sait pas dire et les émotions qu'ils ne sait pas exprimer.

La conscience perturbée projette son message, son cri d'alarme, partout dans le corps. L'iridologue, l'auriculothérapeute, l'ostéopathe, l'acupuncteur, etc. trouveront ce message dans la partie du corps avec laquelle ils sont en relation.

Ainsi naîtront les maladies psychosomatiques telles que l'ulcère de l'estomac, s'il ne « digère » pas les contrariétés, ou l'asthme, si son entourage « l'étouffe » (1, 19, 24, 53, 63).

C'est un stade où le problème s'est déposé sur un organe, un muscle, une fonction, une articulation quelconque.

Quelconque ?

A première vue seulement...

Les conflits, provoqués généralement par des événements de la vie courante, qu'ils soient conjugaux, familiaux, sociaux ou professionnels, ne se matérialisent pas au hasard dans notre organisme, mais en accord avec une loi d'analogie précise, introduisant une relation de cause à effet entre le conflit intérieur, une aire spécifique du cerveau et un endroit précis de notre corps.

Dans le langage courant, il y a déjà, bien souvent, une dénonciation inconsciente :
— Mon épouse m'empêche de « respirer » (un pneumothorax).
— J'en ai plein le « dos » de mon travail (un lumbago chronique).
— Quand je vois la lenteur de l'administration, je m'énerve et j'ai envie de « défoncer » des portes pour

secouer les fonctionnaires (un rhumatisme douloureux à l'épaule droite). Ne donne-t-on pas un coup
d'épaule pour enfoncer une porte ?

— Mon mari « m'irrite » par son comportement (un eczéma à l'annulaire).

— Je me fais de la « bile » pour ma fille, elle n'arrête
pas de se mettre dans des situations dangereuses (un
ulcère à l'estomac).

— Elle n'arrête pas de me donner des « conseils »
comme si j'étais encore une petite fille (une otite à
répétition).

— Je ne peux pas le leur dire (à ses parents). Je ne peux
pas, je dois me « retenir » car ils ne comprendraient
pas (constipation chronique).

— Je me casse les « dents » depuis quelques mois sur ce
problème (un déchaussement des dents).

— Mon collègue m'énerve, je ne peux plus le « sentir »
(une sinusite).

Dans tous ces cas, on peut déjà constater une forme
d'immunodépression d'origine psychologique qui n'est pas
étrangère au phénomène.

Le langage symbolique du corps ne se manifeste que si
l'avertissement du psychisme n'a pas été vu, entendu, compris et la situation corrigée.

Imaginez que vous appeliez gentiment votre enfant pour
qu'il vienne faire quelque chose et qu'il n'entende pas.

Vous allez devoir élever la voix.

Admettons que, cette fois encore, l'enfant ne vous entende pas. Vous allez devoir élever encore plus la voix et, s'il
continue à ne pas vous entendre, il vous faudra vous déplacer et peut-être le secouer.

La nature utilise un procédé semblable pour se faire entendre : secouer l'être qui est perturbé par des occupations,
un psychisme, une alimentation, un exercice ou un sommeil
inadapté, jusqu'à ce qu'il comprenne et corrige son attitude
ou son habitude.

Si vous avez une indigestion et que vous découvrez que
la cause est liée à un excès alimentaire, vous n'allez pas

incriminer votre estomac. Si vous avez une indigestion, c'est qu'il existe dans le corps humain des lois naturelles, des systèmes d'alarme, donc de communication, qui vous avertissent qu'un déséquilibre pouvant mettre le corps en danger est en cours.

Certaines de ces lois sont fondamentales, d'autres secondaires. Il existe donc des lois qui régissent la santé, tout comme il existe des lois qui régissent la maladie.

Ce que nous ne pouvons pas accepter, ce que nous ne savons pas exprimer par des mots, des émotions et des actes, le corps va le dire, le crier ou le hurler à mort par des déséquilibres.

La mémoire du corps

Pascal a dit : « Le coeur a ses raisons que la raison ne connaît point : on le sait en mille choses. » Ici nous pourrions dire : « Le corps a ses raisons que la raison ignore. »

Le corps a aussi une conscience et une mémoire, il n'oublie rien.

Comme je l'ai déjà dit, les maladies n'apparaissent pas au hasard, elles naissent et disparaissent en correspondance avec des lois précises.

Prenons, par exemple, la grippe. Au moment où j'écris ces lignes sévit une épidémie de grippe. Autour de moi certaines personnes ne sont pas malades et d'autres le sont. Quelques personnes, qui avaient pu jusque-là se préserver de l'épidémie, sont soudain touchées par le virus.

Les microbes, les virus nous côtoyent par millions depuis que nous sommes nés et c'est seulement à certains moments de l'année qu'ils deviennent « dangereux ».

Pour beaucoup, la fin de l'année est liée à un bilan, à des retrouvailles en famille.

Si la venue de la fin ou du début d'année est liée à un stress qui réactive des événements stressants et traumatisants du passé, le système immunitaire devient moins efficace et les virus en profitent alors pour proliférer.

On considère en général les microbes et les virus comme des ennemis à éliminer coûte que coûte. Nous devrions, au contraire, apprendre à voir en eux des amis nous avertissant que nous venons d'atteindre un seuil d'alarme et que nous devons nous prendre en main pour nous renforcer et pour nous réunifier à nouveau.

Peut-être un jour envisagerons-nous autrement le rôle des microbes et des virus. La communication que nous aurons avec eux ne sera plus de tuer l'ami qui nous avertit que notre maison est en train de se lézarder, mais au contraire de tout faire pour réparer les dégâts et renforcer le bâtiment qui menaçait de s'écrouler.

Souvent, la période de fin ou de début d'année rappelle consciemment - et encore plus inconsciemment - un événement anniversaire non exprimé et refoulé.

Exemple : Telle personne aimée qui, décédée au cours de l'année, ne sera pas présente aux réjouissances et aux retrouvailles familiales. Au cours des années suivantes, un peu avant ou après les fêtes, la mémoire du corps, qui n'oublie rien de ce que nous avons vécu, se met, d'une certaine façon, en deuil.

Les périodes et événements traumatisants se retrouvent un peu partout au cours de l'année; ceux qui n'ont pu être suffisamment exprimés vont inciter la mémoire du corps à essayer de nous le dire lors des moments anniversaire (1, 63).

Exemple : Un patient avait régulièrement, depuis huit ans, des crises d'asthme qu'aucun traitement n'avait pu définitivement enrayer, si ce n'est une légère réduction de la durée des crises grâce à l'homéopathie associée à l'acupuncture.

Après avoir essayé de découvrir s'il y avait une périodicité régulière des crises, c'est-à-dire si elles se déclaraient à une certaine période anniversaire, je demandai au patient de noter régulièrement les événements de ses journées.

Grâce à ce journal, nous avons trouvé assez rapidement l'événement qui précédait les crises d'asthme : elles survenaient après une réunion avec son directeur. Cela surprit le patient car il appréciait ce dernier qui, disait-il, l'appréciait aussi.

Pendant plusieurs mois, je revis le patient sans résultat. Rien apparemment ne justifiait cette réaction de la mémoire du corps. Que pouvait donc protéger le corps en agissant de cette façon ?

Je décidai donc de m'adresser directement à la mémoire du corps, au subconscient du patient. Je lui dis : « Il y a en vous une partie qui sait ce qui provoque l'asthme; en provoquant les crises d'asthme, elle est persuadée qu'elle vous protège de quelque chose que vous avez oublié. Elle pense avoir de bonnes raisons d'agir comme elle le fait. J'aimerais m'adresser à cette partie et je sais qu'elle m'écoute, car elle est attentive à tout ce qui pourrait vous mettre en danger. »

M'adressant ensuite à la partie, j'ajoutai : « Je ne sais quel âge tu as, ni pourquoi tu continues à défendre X en provoquant les crises d'asthme. Je ne sais comment tu t'y prends ensuite pour protéger X du danger des crises, mais je sais que tu le fais avec les moyens dont tu disposes car cela est ton rôle. Je ne veux t'imposer ni ordres ni conseils mais seulement te dire que je te fais confiance. N'est-ce pas toi, après tout, qui as la garde du corps ? Je vais te laisser maintenant. Je sais que la solution que tu choisiras sera la meilleure pour lui et je t'en suis le premier reconnaissant. »

Le patient ne dit mot, mais il se demandait manifestement si j'avais encore toute ma raison.

Deux jours plus tard, il me téléphonait : « Le lendemain matin de notre entrevue, je me suis réveillé en me souvenant d'un rêve : des milliers de mains me montraient un tableau, le tableau qui se trouve dans le bureau de mon directeur. Sur le moment, je n'ai pas trouvé ce rêve tellement important jusqu'à ce que, ce matin, je sois réveillé par un cauchemar. Le tableau, toujours le même, avait pris feu. Je me suis précipité vers la porte pour sortir mais, horreur, elle était fermée à clé, je commençais à suffoquer, la fumée remplissait toute la pièce et j'allais mourir... Je me suis réveillé en sueur. Je vous appelle pour savoir si cela a une signification pour vous ? »

La conscience de son corps avait entendu ma requête et utilisait le rêve pour nous avertir.

Les réactions asthmatiques étaient donc provoquées par le tableau placé derrière le siège du directeur, qui représentait le grand-père de ce dernier fumant la pipe. La pipe était la réplique de celle que le père du patient utilisait quand il était enfant.

Il s'est rappelé que, lorsqu'il ne comprenait pas ses devoirs, son père, agacé, lui soufflait de la fumée dans la figure. Cela le faisait tousser. Ce tableau n'avait pas toujours été dans le bureau. Il s'y trouvait depuis environ huit ans.

C'est à cette époque qu'avaient commencé les crises d'asthme.

Avec cet exemple, il est facile de comprendre que notre corps n'oublie rien. Tous les stress émotionnels non exprimés sont gardés dans la mémoire du corps jusqu'à ce que les circonstances en permettent la libération définitive.

Depuis lors, je considère les consultations d'une autre façon. J'ai appris à faire confiance à la conscience du corps ou plutôt à faire confiance à la conscience intérieure, à l'âme du patient. J'ai compris que je n'avais aucun pouvoir pour forcer un malade à guérir et à vivre. J'ai compris que ma volonté n'avait aucun pouvoir de vie et de mort et que je devais apprendre à accepter et à reconnaître le choix fait par l'âme qui conduisait ce véhicule qu'est en fait le corps humain. Je devais apprendre à respecter l'écologie du patient et non pas le guérir envers et contre tout. Lui seul avait ce pouvoir. Lui seul pouvait se guérir. Tout ce que je devais faire était d'être là, disponible, à l'écoute, en essayant d'aider l'être qui m'avait fait confiance à retrouver confiance en lui, à lui apprendre comment devenir libre de ses « tuteurs », de ses souvenirs traumatisants qui, eux aussi, réclamaient à leur façon leur liberté.

A partir du moment où j'ai commencé à vivre la consultation de cette manière, j'ai remarqué que le patient me communiquait plus souvent des informations pour l'aider à se guérir. Je pense par exemple à une amie que je n'arrivais pas à aider; elle avait le visage couvert de petits boutons qui l'irritaient. Elle se grattait parfois jusqu'à provoquer des blessures qui laissaient des traces inesthétiques. Elle venait, comme à l'habitude, de me rendre un service et je m'écoutais penser : « Elle est tellement dévouée, si je pouvais lui rendre un service qui lui fasse plaisir, par exemple trouver ce qui provoque cet eczéma désagréable. » Je décidai de faire confiance à sa conscience intérieure qui savait, elle, ce qui provoquait cette éruption. Je savais qu'à partir de ce moment je devais faire attention à tout ce que j'allais entendre.

Nous étions occupés à parler de choses banales et je faisais confiance à la conversation qui allait dans le sens d'une communication des causes de son problème.

A un moment, j'entendis : « Elle m'énerve, elle me donne de l'urticaire, elle me fait attraper des boutons. » Je la laissai, comme on dit, vider son sac et lui demandai ensuite si elle s'était rendu compte de ce qu'elle avait dit. Cela me surprend à chaque fois : la personne nomme la cause de son problème et ne l'entend pas.

Il existe trois types de causes de maladie :
    1° Les causes d'origine génétique, héréditaire ou congénitale.
    2° Celles liées à la mémoire du corps

3° Celles liées au manque de maturité (l'individu a toujours besoin d'un tuteur).

Voici un exemple pour chaque cas.

1. Monsieur X est né aveugle. Il doit apprendre à vivre avec cette limitation. Nous ne pouvons pas actuellement le guérir de cette affliction.

2. Une patiente de vingt-huit ans. Chaque année au mois de mars, sans aucune raison apparente, elle tombe en syncope. Cela se produit entre trois et six fois au cours du mois, brutalement, quand elle est à l'extérieur.
Elle m'apprit, au cours des consultations, que sa mère était morte alors qu'elle avait huit ans. Son père ne l'avait pas autorisée à voir sa mère morte ni même — pour son bien — à assister aux funérailles.
Elle se rappelait seulement que ce matin-là, lorsque sa mère l'avait conduite à l'école, elle n'avait pas l'air malade. Et puis, me raconta-t-elle en se mettant à pleurer, je ne l'ai plus jamais revue. Son père lui expliqua que sa mère, en rentrant de l'école, avait eu, dans la rue, un infarctus foudroyant. Cela s'était passé au mois de mars.
La mémoire du corps n'avait pas oublié les émotions de culpabilité et l'adieu qu'elle n'avait pas pu faire à sa mère. Il est important pour un enfant, comme pour un adulte, de pouvoir dire adieu au parent ou à l'ami qui le quitte (70).

3. Un homme de quarante-quatre ans. Ses parents dilapidèrent la fortune dont ils avaient hérité. Quand il reprit la gestion de leurs affaires, tout rentra dans l'ordre. Puis, suite à une violente dispute avec un frère jaloux, il abandonna tout et quitta sa famille et son pays. Il alla vivre avec une amie qu'il avait rencontrée quelques années plus tôt. Ils se marièrent. Il créa une petite entreprise, mais les disputes commencèrent car il devait souvent se déplacer pour ses affaires. Il aimait sa femme et ne comprenait pas

pourquoi elle lui en voulait. Tout ce qu'il faisait et créait était pour elle, pour son confort, pour l'enfant qu'ils auraient plus tard. Lui qui n'était jamais malade commença à souffrir de rhumatismes aigus qui l'empêchèrent de continuer à se déplacer.

Dans cet exemple, on peut voir que les difficultés financières, les revers de fortune, la fuite de son pays, l'abandon de sa famille ne l'avaient pas touché au point de le déstabiliser et le rendre malade. Au contraire, il avait utilisé le stress de ces situations pour refaire sa vie et créer une nouvelle famille.

Sa femme était sa seule famille, son seul « tuteur », qui lui apportait sa raison de vivre. A partir du moment où il vit sa vie de couple menacée, il commença inconsciemment à créer dans son corps une maladie capable de l'empêcher de voyager et de trop travailler. Il avait une excuse toute trouvée pour ne pas perdre son « tuteur » : le rhumatisme aigu.

La maladie, dans cet exemple, est associée à un bénéfice important. Tant qu'un individu est accroché à un tuteur « bénéfice », il n'y a pas de possibilité d'aider le corps à guérir. Ce n'est pas la situation en soi qui est importante, c'est la façon dont elle est vécue qui est déterminante.

Pour une autre personne, les revers de fortune, la déchéance parentale, l'abandon du pays auraient pu être des « tuteurs » importants. Pour d'autres, la réussite professionnelle aurait été plus importante que la réussite conjugale.

L'individu qui a un côté faible va inconsciemment tout faire pour que ce dernier se matérialise. Il va « arranger », « choisir » les situations et les événements qui vont lui faire comprendre qu'il est esclave d'un « tuteur ». L'être doit apprendre à grandir sans « tuteur », sans « béquille », il doit acquérir de la maturité.

Pour découvrir le « tuteur » et les causes qui provoquent la maladie, il n'y a qu'un moyen : écouter le langage verbal et le langage non verbal du corps.

Il est important de se rappeler que l'image du monde d'un individu peut être différente. Il faut écouter le vécu du malade, sa biographie, ses non-dits, ses discours de cache-cache, etc.

Par exemple, une maman inquiète pour sa fille de quatorze ans qui commence à s'intéresser aux garçons pourrait réagir de différentes façons.

Soit :
— se faire un sang d'encre (varices),
— se faire de la bile (hépatite),
— se faire des idées noires (migraines),
— ne pas supporter qu'elle puisse avoir des contacts avec des garçons (eczéma), etc.

Il y a trois façons de vivre les épreuves que nous rencontrons dans notre vie.

1° Nous réagissons durement en exprimant complètement nos émotions (colère, jalousie, chagrin, peur, etc.).

2° Nous ne réagissons pas en les extériorisant mais en les réprimant.

3° Nous observons l'événement douloureux sans en être perturbés : nous vivons l'épreuve en gardant une certaine distance vis-à-vis d'elle.

Cette dernière manière de réagir n'est possible que lorsqu'une certaine philosophie de vie et un équilibre émotionnel sont atteints.

La conscience du corps essaye de maintenir un équilibre et souvent elle n'y arrive qu'avec des palliatifs désagréables, par des maladies de décharge, d'épuration : une forme d'hygiène, en quelque sorte, un « abcès émotionnel » qui, parfois, n'arrête pas de couler.

La maladie, comme nous l'avons vu, est un système de communication complexe. Il existe deux types de communication : le langage verbal et le langage non verbal. Le conscient utilise la communication verbale, l'inconscient la communication non verbale.

La première est limitée dans le temps et l'espace, donc ponctuelle, tandis que la seconde est permanente.

Lorsque nous parlons, nous utilisons inconsciemment le langage non verbal. Le mouvement de nos globes oculaires, les micro-mouvements, les inflexions de notre voix trahissent notre vécu intérieur (5).

L'inconscient possède trois manières de communiquer pour rééquilibrer les dysharmonies de notre vie trépidante.

1° En utilisant le canal de l'âme par ce que nous appelons l'intuition, la prière, la méditation et les rêves.

2° En utilisant le canal de l'esprit par les déséquilibres psychologiques, les états d'esprit négatif, le mal être, etc.

3° En utilisant, en dernier recours, le canal du corps en provoquant des maladies.

Concernant les maladies, il faut distinguer entre maladies à risque élevé et moins élevé.

Dans le cas des maladies à haut risque, comme le cancer, le corps utilise un langage rudimentaire : il utilise un mot-force, un seul mot, un seul organe pour crier et hurler le danger.

Par contre, en ce qui concerne les maladies à risque moins élevé, la communication n'est pas aussi précise. Cela se comprend facilement : si je crie, « au feu », « au voleur » ou « au secours », j'utilise un mot-force simple et efficace pour attirer l'attention. Dans le cas d'une communication moins urgente, on utilise une phraséologie plus élaborée.

<u>Moins grave sera la maladie, plus général sera le message.</u>

Cela explique pourquoi il est plus difficile, pour les maladies moins graves, d'établir une grille fixe comme pour le cancer. Chaque fois que cela est possible, il est préférable, plutôt que de partir de la maladie pour découvrir la cause psycho-affective, d'écouter la manière dont le patient a vécu et participe à la vie.

Dans la pratique, il est parfois difficile de demander au malade de parler de sa vie émotionnelle. Beaucoup d'individus acceptent d'avoir des maladies mais refusent et n'osent même pas envisager d'être mal psychiquement. Les tabous, la pudeur empêchent la majorité des individus de se confier, de parler de leur jardin secret, là où se trouvent cachées les causes de leur maladie. Pour beaucoup, encore aujourd'hui, parler de ce qu'ils ont « dans la tête » est considéré comme folie. N'y-a-t-il pas que les fous qui vont voir un psy ?

En règle générale, il suffit d'abord d'écouter ce que le malade a à dire concernant ses symptômes, sa maladie, etc. Progressivement, il deviendra confiant. Il parlera de sa vie, de son conjoint, de ses enfants, de ses parents, de ses amis, de sa profession, etc. Il convient alors d'être très attentif, à l'écoute du moindre silence, de la moindre émotion. Dès que les émotions sont là, il faut les laisser jaillir jusqu'à ce qu'elles se tarissent d'elles-mêmes. Après, seulement après, on pourra lui expliquer, lui montrer les causes de sa maladie.

La maladie est une forme d'hygiène, une forme d'épuration d'un « abcès émotionnel » qui n'arrête pas de couler.

Psychisme et cancer

De plus en plus d'associations* informent le public des causes qui provoquent ou prédisposent au cancer. Il s'agit, d'après les statistiques, d'un excès de graisse, d'alcool et de tabac. Il était important que l'on attire l'attention du grand public sur ces habitudes néfastes (61, 62).

Il existe un domaine qui échappe aux statistiques officielles, c'est celui qui différencie l'être humain des autres règnes de la nature, c'est-à-dire la conscience qu'il a de lui-même.

---

*   Dont l'une des plus importantes, en Belgique, est l'Association contre le Cancer, 13 place du Samedi, 1000 Bruxelles.

Observez le dessin de cet immeuble en construction. Ses différents étages symbolisent les diverses recherches et statistiques sur le cancer.

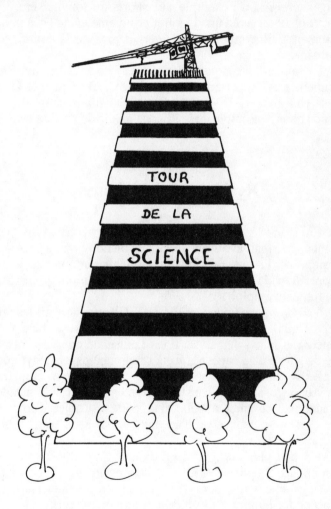

Admettons que le vingtième étage soit réservé aux statistiques et recherches sur l'alcool, le dix-neuvième sur le tabac, le dix-huitième sur l'alimentation. Il y a également des étages réservés, par exemple, aux sports, au sommeil etc.

Vous observerez que le vingt-et-unième étage est à peine commencé, il symbolise les divers degrés de la conscience humaine.

La raison pour laquelle les statistiques actuelles ne mentionnent pas l'importance du psychisme, c'est que cet étage n'est pas achevé, il n'est pas statistiquement tangible, du moins pour l'ensemble de la science médicale traditionnelle.

Recherches antérieures

En 1926, le docteur Elida EVANS, psychanalyste jungienne, affirmait avoir remarqué que de nombreux cancéreux avaient perdu une relation émotionnelle importante avant l'apparition du cancer (par exemple perte du conjoint, d'un enfant, d'un emploi).

Vers la même époque, GRODDECK mentionnait les tentatives qu'il avait effectuées pour éclaircir le problème du cancer par la psychanalyse. Il était persuadé qu'il était possible de guérir d'un cancer grâce à l'approche psychanalytique.

Dans les années soixante, le psychologue clinicien, Lawrence LeSHAN a constaté, en interviewant 500 malades cancéreux, ce qu'il appelle une perte d'« objet d'amour » (perte d'une personne ou d'un objet aimé) avant l'apparition du cancer.

Un peu plus tard, le cancérologue Carl SIMONTON et son épouse Stéphanie MATTHEWS, psychologue, constatèrent également une perte ou un choc émotionnel entre six mois et dix-huit mois avant l'apparition du cancer.

Le tuteur

Dans l'attitude des patients atteints d'un cancer, j'ai relevé une dépendance importante, intérieure ou extérieure. Elle peut être familiale (le conjoint, un enfant, un parent, etc.), professionnelle (perte d'emploi, nomination qui n'a pas eu lieu) ou vis-à-vis de soi-même (dévalorisation, honte, etc).

J'ai la conviction que la cause d'apparition du cancer est liée à un conflit, à un déséquilibre entre ce que j'appelle le « moi intérieur », c'est-à-dire ce que l'on est réellement, et le « moi extérieur », c'est-à-dire ce qu'on laisse voir à l'extérieur, aux autres et même à soi-même.

Autrement dit, tant qu'il y a harmonie entre ces deux aspects du moi, il n'y a pas de problème de santé.

Lorsque le moi intérieur est faible et qu'il s'accroche pour grandir, pour se justifier, pour exister, à un objet, à une situation ou à un rôle, ce que j'appelle le « tuteur », l'équilibre de l'individu est en danger.

Imaginez une belle plante accrochée à un tuteur et enlevez-lui, d'un coup et sans précaution, son tuteur : il y a de fortes chances qu'elle s'écroule.

Il en va de même avec l'être humain : le tuteur professionnel, familial ou social une fois disparu, le moi intérieur face à lui-même ne peut réagir à ce choc; il est comme paralysé et obsédé par la situation qu'il n'arrive pas à dépasser. Il en est obnubilé, fasciné, voire même envoûté.

Cette dissociation entre les deux « moi » se somatise au niveau des cellules, lorsque celles-ci perdent leur programme, tout comme l'individu a perdu son tuteur.

Dans chaque cas de perte de tuteur, le sujet se montre inapte à assumer seul son identité. Un changement professionnel, un licenciement ou une promotion, peuvent sortir le sujet d'un cocon sécurisant qui assurait une part de son identité.

Tout ce qui déséquilibre le moi intérieur comme, par exemple, les refoulements cachés à soi ou aux autres, prend une manifestation extérieure en se matérialisant pour mieux se faire entendre.

Nous continuerons à voir, au cours de ce livre, que le cancer est, avant tout, un révélateur de cette négation des sentiments.

Lorsqu'on intègre dans un événement pathologique la notion de « tuteur », il existe au moins deux biographies du même sujet : une biographie extérieure des événements et une biographie intérieure psycho-affective, plus intime, vécue en imagination (y compris les rêves).

Pour le sujet, cette biographie dédoublée maintient dans sa carte du monde (représentation sensorielle du monde) des conditions d'identité personnelle, de références et d'existence socio-familiales.

Dès qu'il y a rupture de cette dualité qu'il a créée, il y a perte d'équilibre.

Certains individus ne somatiseront pas cette rupture, cette perte du « tuteur » par une pathologie physique, mais par une pathologie psychiatrique.

Dans les deux cas, il y a une perte d'identité.

Soit le sujet ne contrôle plus la communication avec son corps, soit il ne contrôle plus la communication avec ses émotions et son esprit.

L'un des pôles essaye de dire, de crier ou, dans le cas du cancer, de hurler à mort le déséquilibre moi/non-moi.

Je ne peux encore dire avec certitude, quoique des éléments de réponse existent, pourquoi un individu réagira plutôt en criant avec son corps la perte du tuteur, alors qu'un autre le fera par un comportement psychiatrique anormal.

De toute façon, on ne peut le crier avec les deux.

Le cancer est lié à un déséquilibre entre le moi intérieur et le moi extérieur provoqué par la perte d'un « tuteur » que l'on n'arrive pas à accepter et qui paralyse et obsède l'individu.

Expérimentation animale

Avant d'aller plus avant dans le sujet, j'aimerais parler des expérimentations qui ont été effectuées sur l'animal par cette science inhumaine que l'on appelle vivisection.*

Elle a permis, dit-on, de mettre en évidence certaines substances cancérigènes.

Il faut savoir qu'au départ, les protocoles d'expériences ont été préparés dans l'idée de démontrer que ce que l'on acceptait déjà pour vrai se vérifiait en laboratoire. L'homme a donc inventé des systèmes, des techniques, pour matérialiser ce qu'il pensait au départ. Si l'homme avait pensé autrement, il aurait inventé d'autres techniques, pour démontrer la véracité de ses autres théories.

Le docteur MOIROT, chef de service dans un hôpital à Valence, s'est intéressé aux expérimentations animales et a remarqué que ces expériences ne tenaient pas compte du respect de l'animal et des conditions dans lesquelles les expériences très souvent traumatisantes étaient effectuées (42).

Par exemple, les animaux étaient, soit isolés dans des cages et ne recevaient aucune considération, soit étaient placés dans des cages surpeuplées. Le docteur MOIROT recommença ces expériences (tout en affirmant aujourd'hui qu'il n'est pas nécessaire d'avoir recours à des expériences sur les animaux pour découvrir l'origine psychosomatique de la cancérisation). Il donna, cette fois, aux animaux faisant l'objet de l'expérience, un éclairage suffisant, une intégration parmi ceux de leur espèce, une nourriture adaptée à leurs besoins, des jeux. Il ne fut pas étonné de constater que les animaux porteurs des substances cancérigènes se portaient beaucoup mieux que le groupe témoin laissé comme par le passé.

Le docteur MOIROT est le premier chercheur, à ma connaissance, ayant pu mettre en évidence les facteurs psychologiques, tels que le stress, l'inaction, le mal-être, le

---

*   Ligue Française contre la Vivisection, Château de Liman, 84550 Mornas, France.

manque de satisfactions sensorielles ou le surpeuplement.

Il faudrait être de mauvaise foi pour ignorer ses re-cherches car c'est l'apport le plus remarquable qu'on ait fait, ces dix dernières années, concernant l'étiologie (étude des causes) psychosomatique de la cancérisation.

Ses recherches menées dans les communautés religieuses lui ont fait découvrir un énorme pourcentage de cancer. Des cancers du sexe, de la prostate et du larynx. Il y a ici re-foulement du sexe, des organes associés à la sexualité, et les cas de cancer du larynx étaient liés à certaines communautés qui respectaient la loi du silence.

L'expérimentation animale ne tient pas compte du res-pect de l'animal. Le stress de l'isolation ou de cages sur-peuplées, une nourriture inadaptée et le manque de satisfactions sensorielles sont tels que l'animal est devenu fragile à toutes contaminations, qu'elles soient virales ou provoquées par l'inoculation de substances agressives dites cancérigènes.

Le tabac est-il cancérigène ?

Grâce aux expériences du docteur MOIROT, nous pou-vons maintenant comprendre qu'une substance comme, par exemple, le goudron, n'est cancérigène que dans certaines circonstances bien particulières. Badigeonner les animaux de laboratoire, en état de stress permanent, avec du goudron et réussir à provoquer le cancer ne relève pas d'une grande per-formance scientifique. Tout comme vouloir démontrer que l'alcool provoque la cirrhose du foie en remplissant d'alcool le corps d'un animal avec l'aide d'un entonnoir.

En déversant ainsi de l'eau sans arrêt dans l'estomac d'un homme, on arriverait également à provoquer différents trou-bles. Cela voudrait-il dire que l'eau est mauvaise ? Tout ce que l'expérience pourrait nous apprendre est que les excès nuisent en tout et que dans toute chose il vaut mieux garder le juste milieu.

Il y a, dans chaque organisme, des programmes de fonctionnement parfois totalement différents; chaque animal, chaque individu est unique et ce qui est bon pour l'un peut être mauvais pour l'autre.

Lorsque vous approchez un thermomètre d'une source de chaleur ou de froid, celui-ci, par sa « nature » physique, va réagir de la façon qu'on lui connaît. Il a pour ainsi dire un « instinct » physique de comportement face à certaines situations. Si vous placez ce thermomètre près d'une source de chaleur qu'il ne peut supporter, il deviendra inutilisable.

Si vous faites bouillir de l'eau, elle va « s'enfuir » ou « mourir » sous forme de vapeur. Chaque chose a ainsi son seuil de tolérance dont il faut tenir compte.

Dans ce dernier exemple, vous ne diriez pas que l'eau a contracté une maladie à cause du feu ?

Au niveau du règne animal, un chat s'enfuira instinctivement en apercevant un chien, mais ne le fera pas en approchant une vache ou un cheval. Les répulsions et les attirances varient d'une espèce animale à l'autre et, chez l'être humain, d'un individu à l'autre. Or, si chacun est unique et a son propre programme de comportement, pourquoi, lors des expérimentations animales, celui-ci est-il ignoré ?

On sait que, instinctivement, la souris a peur du feu et de la fumée. Il était d'ailleurs courant, dans le passé, de crier au feu lorsqu'on voyait des souris quitter une maison.

Néanmoins, on s'évertue à prouver que le tabac provoque le cancer en enfumant des souris avec la fumée du tabac.

Hormis les conditions évoquées par le docteur MOIROT, ce n'est pas seulement la fumée du tabac qui est responsable du cancer chez ces animaux, mais le conflit de peur qui, comme il est possible de le déduire d'après la « loi d'airain du cancer » du docteur HAMER (voir chapitre III), provoque toujours des taches rondes aux poumons.

Le docteur HAMER explique dans son livre (26) qu'on a réussi à prouver, par l'expérimentation animale, que le formol provoquait des cancers de la muqueuse nasale chez les rats. Or ces animaux ont la réputation d'avoir des narines ultra-sensibles.

Si l'on badigeonnait pendant des mois les muqueuses nasales de ces chercheurs avec du formol ou toutes substances qui provoqueraient des douleurs atroces, il serait évident que le conflit de torture olfactive induirait, en conformité avec la loi d'airain, un cancer de la muqueuse nasale et des sinus maxillaires.

Les fumeurs sont en général d'éternels anxieux et d'éternels stressés; il n'est donc pas étonnant de trouver chez eux plus de cancers du poumon. Par ailleurs, le non-fumeur qui enrage intérieurement contre les fumeurs, ou qui craint d'attraper un cancer par leur faute, ne se rend pas compte que ce sont ses propres peurs qui vont déclencher, chez lui, le cancer.

Que le lecteur ne se méprenne pas : comme nous allons le voir, fumer n'est jamais recommandable, mais il ne faut pas y voir un facteur prioritaire et déterminant du cancer.

Bienfaits et méfaits du tabac

La nicotine que le fumeur inhale agit sur la sécrétion des endorphines (substances biochimiques cérébrales). L'une de celles-ci facilite la mémorisation, une autre renforce l'attention et une autre encore fait naître des sentiments de bien-être et de gratification (6).

Cette stimulation constante due aux endorphines euphorisantes va créer rapidement un seuil d'habitude et de stabilité que le fumeur voudra dépasser pour ressentir les bienfaits constatés auparavant.

Il va donc augmenter, suivant les stimulations dont il aura besoin dans certaines expériences de sa vie, son taux de nicotine. Il fumera plus et plus fort.

En agissant de la sorte, le fumeur croit que c'est la cigarette qui lui apporte les bienfaits mentionnés plus haut. Ce qu'il ignore, c'est que la nicotine active la sécrétion d'endorphines. Plus il fume, plus il sollicite son corps à créer des endorphines et plus le corps gaspille ses réserves vitales. Ce cercle vicieux va amener le fumeur à augmenter le nombre de cigarettes pour accroître sa vitalité. Il en viendra ensuite à utiliser d'autres substances pour stimuler la sécrétion d'endorphines et il augmentera sa consommation de café et d'alcool.

L'organisme va épuiser de plus en plus ses réserves vitales et ne pourra plus faire face aux menaces provoquées par une détérioration de la santé physique et psychique.

Le fumeur totalement dépendant du « tuteur » cigarette ne sait plus créer lui-même les outils pour faire face aux stress et aux conflits. Parallèlement, la détérioration des organes associés à l'inhalation de la fumée va s'accentuer. Le corps, les organes, les cellules insuffisamment oxygénées seront plus rapidement sensibles au moindre stress. Le moindre petit conflit prendra des proportions démesurées et déstabilisera les cellules qui, étant plus faibles, vont rapidement devenir anarchiques.

Le gros mangeur, gros buveur est aussi un individu qui a besoin, en excès, d'une substance extérieure pour stimuler les sécrétions d'endorphines. C'est la raison pour laquelle on remarque un taux de cancers du poumon plus élevé chez les personnes qui réunissent les trois drogues socialement acceptées dans les pays industrialisés : le tabac, l'alcool et la nourriture trop riche.

Une personne qui aime et se sent aimée, qui donne et reçoit chaque jour des messages d'amour, ne ressent pas le besoin d'un stimulant ou d'une substance qui amène un certain bien-être.
Le non-fumeur, le non-buveur et le mangeur équilibré, qui ne dépend pas de « tuteurs », de béquilles affaiblissantes pour vivre, a des ressources suffisantes pour faire face aux stress et aux conflits qui provoquent le cancer.

Ce n'est pas la cigarette qui déclenche le cancer du poumon. La cigarette, comme toutes les drogues, affaiblit l'individu qui devient de plus en plus sensible aux conflits et à l'anxiété.

Chapitre II

Le labyrinthe des pionniers

Hans Selye

Depuis plusieurs années, dans de nombreux laboratoires du monde, les chercheurs portent leur attention sur les mécanismes du cerveau, du système immunitaire, des systèmes nerveux et hormonal qui sont tous influencés par le stress. Ce mécanisme de notre instinct de conservation serait à l'origine d'un grand nombre de troubles et de maladies dites modernes.

Pourtant, c'est grâce au mécanisme du stress que notre corps essaye de s'adapter à un environnement qui devient de plus en plus industriel.

Hans SELYE, le « père » du stress, fut l'un des premiers chercheurs à l'étudier au début des années quarante (56, 57).

Il découvrit qu'en face d'un danger ou d'un choc physique ou psychologique, l'hypothalamus (région de l'encéphale située à la base du cerveau) sécrétait un torrent d'hormones appelées cortico-releasing-factor (CRF) pour exciter l'hypophyse (glande endocrine située sous l'encéphale). Cette glande produisait alors une hormone, l'ACTH, l'hormone du stress. L'ACTH stimulait à son tour de nombreux autres organes dont, principalement, les glandes corticosurrénales, situées au-dessus des reins. Ces dernières sécrétaient à leur tour des glucocorticoïdes, qui avaient un effet déprimant sur le système immunitaire.

Parallèlement à cette première réaction en chaîne, le cerveau déclenchait une seconde cascade hormonale, en produisant l'arginovasopressine (AVP) et l'ocytocine (OT). Celles-ci stimulaient les glandes médullo-surrénales, qui produisaient alors de l'adrénaline et de la noradrénaline.

Ces deux hormones du stress, mieux connues du public, préparent notre corps à l'agression en augmentant le rythme cardiaque, en contractant l'estomac et l'intestin et en diminuant l'activité digestive pour économiser l'énergie.

Tout récemment, les chercheurs ont découvert que les globules blancs (fantassins de notre système de défense) pouvaient, eux aussi, sécréter de l'ACTH, l'hormone du stress.

Une échelle du stress

Dans les années cinquante, deux Américains, le psychiatre Thomas HOLMES et le psychologue Richard RAHE ont élaboré une échelle de valeurs du stress allant de l'événement le plus stressant au moins stressant (59).

Bien que leur tableau (voir page suivante) ait pu mettre en évidence une relation entre le cancer et le stress, il est permis de le contester.

Il y a d'abord un grand nombre d'agressions hebdomadaires régulières, dont le tableau ne tient pas compte, qui occasionnent un stress permanent, telles que les embouteillages, les feux rouges, le bruit, le stress professionnel, les difficultés scolaires, etc. Mais, le plus important, face au stress, est que nous sommes tous différents et que nous réagissons aux circonstances stressantes de manières différentes.

Le stress est donc une notion toute individuelle, toute subjective, qui dépend de notre personnalité.

Tableau d'événements stressants de la vie, par Holmes et Rahe

Evénement	Valeur
Mort du conjoint	100
Divorce	73
Séparation conjugale (mariage, concubinage)	65
Emprisonnement (temps passé en prison)	63
Mort d'un parent proche	63
Blessure, accident, maladie personnelle	53
Mariage	50
Perte du travail	47
Réconciliation conjugale	45
Retraite	45
Ennui de santé d'un parent	44
Grossesse	40
Problèmes sexuels	39
Arrivée d'un nouveau membre dans la famille	39
Problèmes d'affaires	39
Modification de la situation financière	38
Mort d'un ami intime	37
Changement de situation	36
Multiplication des disputes conjugales	35
Hypothèque ou emprunt important	31
Saisie d'une hypothèque ou échéance d'un emprunt	30
Changement de responsabilités professionnelles	29
Fils (ou fille) quittant la maison	29
Problèmes avec les beaux-parents	29
Réussite exceptionnelle, exploit personnel	28
Epouse se mettant à travailler ou s'arrêtant	26
Début ou fin de scolarité	26
Changements des conditions de vie	25
Modifications des habitudes personnelles	24
Difficultés avec un patron	23
Changements d'horaires, de conditions de travail	20
Déménagement	20
Changement d'école	20
Changement de loisirs	19
Changements religieux	19
Changements d'activités sociales	18
Hypothèque ou emprunt de moyenne importance	17
Changement dans les habitudes de sommeil	16
Changement de rythme des réunions de famille	15
Changement des habitudes alimentaires	15
Vacances	13
Noël	12
Amendes ou contraventions	11

Une éraflure sur la carrosserie d'une voiture peut occasionner, chez certains pour qui la voiture est un « tuteur » important, un stress plus traumatisant que la perte d'un proche.

Si vous souhaitez utiliser le tableau statistique du stress qui, ne l'oublions pas, a été construit sur la base d'une philosophie américaine, apprenez à considérer l'importance de chacune des situations qui y sont indiquées.

Par exemple, le divorce : demandez-vous ce qu'il représente pour vous socialement ou d'après votre religion ou votre philosophie de la vie. Etes-vous heureux de divorcer, est-ce une libération ? Vous sentez-vous coupable ?

En utilisant ce tableau il faut savoir que, d'après l'étude de HOLMES et RAHE, vous êtes dans une période critique qui prédispose à la maladie lorsque vous atteignez ou dépassez un total de 300 points sur une période d'un an.

Toutefois, certaines personnes ont atteint ou dépassé largement cette valeur sans que cette « overdose » de stress ne déclenche une maladie grave.

L'important n'est donc pas de mesurer le stress, mais de savoir pourquoi certaines personnes, dans des situations apparemment stressantes, peuvent résister et garder leur équilibre.

Il y a tout d'abord, chez certains, la prédisposition naturelle ou acquise de surmonter, par l'action et la décharge émotionnelle, la période de stress. De nombreuses expériences prouvent que l'action joue un rôle important d'inhibiteur de l'expression biologique de stress. Des chercheurs américains ajoutent à cela l'importance de la considération sociale, qui agit comme un aiguillon psychologique de l'action.

Aujourd'hui, les neurobiologistes s'accordent pour dire que les trois grands systèmes du corps que sont les systèmes nerveux, hormonal et immunitaire interréagissent les uns avec les autres.

Les praticiens savent qu'avoir un bon moral peut aider l'organisme à lutter contre la maladie.

Tous les psychiatres savent que les schizophrènes (la schizophrénie est une maladie mentale caractérisée par une rupture de contact avec le monde extérieur) sont toujours curieusement épargnés par les épidémies de grippe. Les schizophrènes ne s'en remettent pas aux objets, aux tuteurs. Ils ne se sentent pas concernés par des événements susceptibles de bouleverser les personnes « normales ». Ils se contentent de leur seule vie intérieure.

Un système immunitaire affaibli par le stress provenant de notre vie familiale, sociale ou professionnelle, représente une porte largement ouverte à l'intrusion de tous les virus : même le simple rhume répond à ce déséquilibre.

Le stress, un allié !

Quelques petits efforts peuvent permettre de faire baisser le stress. Il est donc possible, en le contrôlant, d'en faire un allié.

Il suffit pour cela d'utiliser une technique de combat connue maintenant en Occident : la force de l'adversaire. Utiliser le stress comme tremplin pour se lancer dans une nouvelle vie, un nouveau hobby, etc. Apprendre à se détacher et à recadrer ou à réorienter l'énergie dans une autre direction.

Exemple :
— Ma retraite est le commencement d'une nouvelle vie...
— Le feu rouge est l'occasion d'observer les autres conducteurs énervés...

Il ne faut pas oublier que le stress ne devient nuisible que lorsqu'il s'accumule et dépasse le seuil maximal d'adaptation

personnelle. Même un plaisir, s'il est maintenu trop longtemps, est un stress qui provoque la même réaction biologique que les soucis d'argent, par exemple.

On est en général stressé chaque fois que l'on se sent :
— mal à l'aise dans une situation;
— contrarié, déçu, trahi ou brimé;
— acculé et mis en contradiction avec soi-même;
— obligé de réprimer ses réactions naturelles sans pouvoir s'affirmer;
— atteint sur son propre territoire, touché dans son acquis professionnel, conjugal ou social.

Face à ces différentes situations, il faudra réagir. L'idéal
serait, évidemment, de supprimer radicalement la cause du
stress. Il faudra alors passer par une reconversion et changer
de travail si on ne le supporte plus, déménager si les voisins
sont perturbants, quitter son compagnon s'il n'est plus possible de s'entendre avec lui, etc.

**Le stress ne devient nuisible que lorsqu'il s'accumule et
dépasse le seuil maximal d'adaptation personnelle ou
seuil de tolérance.**

L'anti-stress, ça s'apprend !

Il n'y a pas de remède miracle : c'est comme pour apprendre à conduire une voiture; il y a les leçons et un certain
temps d'apprentissage.

Apprendre à conduire son stress est aussi un apprentissage dont voici les différents points les plus importants.

1. Apprendre à se débarrasser des gestes et des tâches
    inutiles. Savoir interrompre une réunion inamicale,
    décommander un rendez-vous désagréable, éviter les
    gens que l'on n'apprécie pas, écourter une communi-
    cation téléphonique ennuyeuse, etc.

2. Apprendre à exprimer ses émotions. Il n'est pas indispensable de les sortir à l'intéressé : on peut très bien libérer ses émotions, sa colère ou sa tristesse en imaginant que l'intéressé se trouve en face de nous (voir chapitre IV).

3. Adopter une meilleure hygiène de vie en faisant du sport (la marche rythmée est excellente) (65), en diminuant la caféine, le café, le tabac, etc.

4. Apprendre à mieux gérer son temps, s'octroyer des moments pour un hobby, des jeux, le rire, etc. (54).

5. Se réserver quelques moments pour la relaxation et la visualisation positive.

Lawrence LeShan

Dans le début des années cinquante, le psychologue clinicien Lawrence LeSHAN recevait quelques confidences de son ami et collègue Richard E. WORTHINGTON.

Ce dernier émettait l'hypothèse qu'il puisse exister un rapport entre le cancer et la personnalité. Il souhaitait voir LeSHAN entreprendre des recherches sur ce sujet. Il alla même jusqu'à lui trouver les premiers subsides.

Pour LeSHAN, tout ne se passa pas aussi simplement qu'il l'aurait souhaité : aucun hôpital n'était disposé à le laisser interviewer des malades atteints de cancer. Heureusement, un centre de recherches, l'Institut de Biologie Appliquée de New York, accepta qu'il fasse passer des tests aux malades afin de découvrir s'il existait un profil du malade cancéreux au stade terminal.

Progressivement, LeSHAN suivit 71 cancéreux arrivés au stade terminal. Beaucoup de ceux-ci moururent, mais ils apportèrent tous un enseignement qu'il décrit dans son livre *Vous pouvez lutter pour votre vie* (37).

Ce titre lui a été suggéré indirectement par l'une de ses patientes, qui était persuadée que jamais rien de bon ne pourrait lui arriver et qu'elle n'avait aucune chance d'être heureuse. Son cancer était un exemple de plus de l'échec lamentable qu'était sa vie.

Dans sa psychothérapie avec LeSHAN, elle en vint un jour à dire : « ... les entretiens sont à la fois très agréables et intéressants, vous apprenez un tas de choses et vous vous sentez très détendu et, un beau jour, vous vous rendez compte que vous êtes en train de lutter pour votre vie. »

LeSHAN rencontrera souvent, dans sa démarche, des questions sans réponses :

Pourquoi un ouvrier qui respire la poussière d'amiante pendant des années sera-t-il atteint d'un cancer, alors que son compagnon de travail ne le sera pas ?

Pourquoi un gros fumeur sera-t-il atteint d'un cancer du poumon à quarante ans, alors qu'un autre fumeur aussi invétéré atteindra paisiblement l'âge de quatre-vingts ans ?

Certains répondront que la génétique pourrait donner réponse à ces questions.

Dernièrement, des chercheurs de Boston ont identifié un « gène récessif » qui manque dans le patrimoine des cellules de leurs patients atteints de cancer*.

La réponse serait donc que celui qui a été soumis pendant des années à l'amiante ou à l'habitude de la cigarette sans être atteint par le cancer, dispose sans doute d'un anti-oncogène (gène anti-cancer) très efficace.

Il faudrait donc, d'après ces chercheurs :

1°   repérer l'absence de ce gène récessif qui permettrait de prévenir l'individu du risque qu'il court;

2°   que la mère enceinte qui, après analyse pendant la période foetale, apprend qu'elle va mettre au monde un enfant à haut risque oncogène, se fasse avorter.

On peut se demander pourquoi certaines personnes sont porteuses de ces anti-oncogènes, si ce n'est simplement par chance d'être nées de parents génétiquement porteurs de ceux-ci ? Dès lors, il ne reste qu'à découvrir d'autres gènes récessifs pour éviter les infarctus, la sclérose en plaques, etc.

---

*   Nature, 1982, 335 : 400-402.

Il y a tant de gènes défectueux que cela mobiliserait une armée de généticiens pour éradiquer tous les créateurs de maladies.

Il restera toujours d'autres questions sans réponse : pourquoi ce patient à l'étape terminale, à qui la nature n'a pas offert un anti-oncogène, a-t-il bénéficié d'une rémission totale et jouit-il aujourd'hui d'une bonne santé ?

LeSHAN relate la guérison « miraculeuse » de John atteint d'un cancer « incurable ». John avait été victime d'un cancer alors qu'il n'attendait plus rien de la vie.

Enfant timide, renfermé, il suit des études de droit pour faire plaisir à son père, il épouse la jeune fille que sa mère avait choisie pour lui.

Au cours de sa thérapie, il apprit à retrouver confiance en lui. Il se mit à étudier la musique et divorça. Quelque temps plus tard, il devint musicien professionnel dans un orchestre symphonique, le métier qu'il avait toujours voulu faire.

John, après avoir repris confiance en lui-même et retrouvé l'espoir, avait vu son cancer se stabiliser. Cette amélioration l'avait encouragé à lutter contre son cancer. De toute évidence, il remporta la victoire.

Avec ce cas et d'autres, LeSHAN acquit la certitude qu'il pouvait y avoir une origine psychosomatique dans une affection organique aussi dévorante que le cancer.

Fournir les preuves scientifiques par lesquelles cause et effet pouvaient démontrer de manière indubitable l'origine psychique du cancer n'était pas chose aisée, pour ne pas dire impossible.

L'éminent chef de service d'une unité de soins intensifs lui dit un jour : « Même si, d'ici dix ans, vous arrivez à prouver votre théorie, je n'y croirai pas. »

Dix ans après, il apportait pourtant les preuves indiscutables que, chez la majorité des cancéreux, on retrouve un certain type de personnalité.

Lorsque le bilan de ses recherches fut publié, le public et le corps médical intéressés prirent connaissance des différents facteurs psychologiques qui prédisposent au cancer.

Facteurs psychologiques prédisposant au cancer

1. La majorité des patients avaient perdu toute raison de vivre.
2. Les patients étaient incapables d'exprimer leur colère, leur ressentiment, leur tristesse, etc.
3. Un choc émotionnel, lié à la mort d'un être aimé ou la perte d'une relation, avait bouleversé leur vie.
4. La plupart avaient une forte tendance au manque de confiance en soi et au mépris de soi. Par contre, ils pouvaient toutefois se montrer fermes et même agressifs lorsqu'il s'agissait de défendre les autres ou un idéal.

Afin de prouver sa découverte, LeSHAN se procura 28 dossiers provenant d'un test psychologique. Aucun de ces dossiers ne comportait de renseignements sur la santé des témoins. Parmi ces dossiers, 15 avaient été remplis par des cancéreux. LeSHAN fut à même de prédire, avec un taux de réussite de 85%, les dossiers susceptibles d'appartenir à des cancéreux.

Dans une autre étude, sur 152 dossiers, il mit en évidence la perte d'une relation vitale pour 72% des malades. Il découvrit aussi que, pour la plupart de ses patients, l'exploration psychothérapeutique révélait que leur désespoir, qui existait avant les premiers symptômes de leur cancer, n'avait jamais été exprimé verbalement.

La conviction qu'a l'individu de ne pouvoir résoudre son dilemme en l'extériorisant par ses propres actions est extrêmement importante.

En lisant *Vous pouvez lutter pour votre vie*, il convient de garder à l'esprit que LeSHAN n'avait testé que des malades à l'étape terminale. C'est la raison pour laquelle on trouve toujours dans son enquête le facteur important de dévalorisation de soi et le désespoir angoissant. Ces deux aspects justifient déjà que ces patients sont atteints dans leur intégrité, dans leur être et, par cet envoûtement, ils nourrissent eux-mêmes leur propre cancer terminal.

J'invite les lecteurs qui auraient déjà connaissance du livre de LeSHAN à le relire après avoir terminé celui-ci. Ils comprendront très bien quels ont été les conflits vécus par les patients de LeSHAN et le pourquoi du cancer dans la partie du corps atteinte.

Exemple : dans son livre*, on peut lire : « Une de mes patientes, Louise, âgée de soixante ans, était atteinte d'un cancer du sein... Son mari mourut après quinze ans de mariage. Elle se débrouilla pour élever ses enfants qui, tous les quatre, devaient embrasser des carrières exigeant un niveau intellectuel élevé. Elle fut heureuse, en dépit des difficultés financières, jusqu'au jour où son plus jeune fils fut en âge de travailler et quitta la maison. Elle alla s'installer chez lui. La situation du jeune homme impliquait des contrats d'un à trois ans dans différentes villes et Louise le suivait partout, lui tenant son intérieur et lui faisant la cuisine. Vint le moment cependant où elle comprit que son fils n'avait plus besoin d'elle et serait plus heureux seul.

Louise, triste et désemparée, traversa alors une mauvaise période. Elle tenta de s'occuper et de se distraire, mais sans arriver à s'intéresser réellement à quoi que ce soit. Pendant un moment, elle ne fit pratiquement rien. Ses enfants ne se souvenaient pas de l'avoir jamais vue aussi calme et aussi détendue. Ils trouvaient que ce changement était "merveilleux", mais en réalité Louise avait perdu sa raison d'être, la relation essentielle sur laquelle elle avait bâti toute sa vie. Elle était incapable de trouver où dépenser son "capital émotionnel". Ce qu'elle avait

---

*   En français : Editions Robert Laffont, 1982, p. 68.

découvert, contrairement à ce que pensaient ses enfants, ce n'était pas la paix mais le désespoir. Et environ un an après qu'elle eut cessé de tenir l'intérieur de son jeune fils, son cancer au sein se déclara. »

Dans cet exemple, on trouve le phénomène du « tuteur », déjà expliqué précédemment, et aussi les éléments pour comprendre que cette dame, si elle est droitière, a en fait eu, même si cela n'est pas indiqué par LeSHAN, un cancer du sein gauche provoqué par un conflit du « nid », c'est-à-dire un conflit mère/enfant qu'elle a ruminé pendant des mois.

La conviction qu'a l'individu de ne pouvoir résoudre son dilemme en l'extériorisant par ses propres actions le conduit à se reprocher les facteurs psychologiques qui prédisposent au cancer.

Carl et Stéphanie Simonton

Après LeSHAN, le docteur Carl SIMONTON, radiothérapeute cancérologue, et son épouse Stéphanie MATTHEWS-SIMONTON, psychologue, se sont intéressés aux racines psychiques du cancer (40, 59).

Tout comme LeSHAN, ils expliquent à leurs malades que la guérison dépend beaucoup, et même essentiellement du traitement offert par la médecine mais que, l'être humain étant fait de chair et d'esprit, il faut absolument tenir compte du psychisme du patient, plus particulièrement de la confiance qu'il placera dans sa guérison.

Aux Etats-Unis, les psychologues et les psycho-thérapeutes sont devenus les collaborateurs indispensables des médecins dans les centres anticancéreux, ce qui est loin d'être le cas dans nos pays européens.

C'est à Anne ANCELIN-SCHUTZENBERGER, psychologue, professeur à l'Université de Nice, que nous devons de connaître la méthode Simonton (2).

C'est par hasard, après la mort de sa cousine Nathalie, atteinte d'un cancer du sein, qu'Anne ANCELIN-SCHUT-ZENBERGER a découvert, suite à un article, les travaux du couple SIMONTON. Elle a publié elle-même un article sur le sujet, dans le « Bulletin de Psychologie » (1978, Sorbonne, Paris) et a traduit en français *Getting well again*, le livre des SIMONTON, devenu un best-seller aux Etats-Unis' et au Canada (59).

Qu'ont découvert les SIMONTON ? Globalement, plus' ou moins la même chose que LeSHAN.

Ils ont été très intrigués, au début de leurs recherches, par le fait que, avec le même diagnostic, certains patients mouraient et d'autres non. De plus, avec un pronostic plus pessimiste que d'autres, certains connaissaient des guérisons.

<u>Ce qui retint leur attention fut le moral des patients qui guérissaient.</u>

Il n'y a pas, pour moi, de patients miraculeusement guéris; il y a des patients courageux, qui ont fait face à l'arsenal thérapeutique agressif et qui ont réussi à résoudre le ou les conflits responsables de leur(s) cancer(s). La seule explication de l'aggravation et de la mort de certains patients des SIMONTON est que, contrairement aux patients qui ont eu des rémissions, ceux-là n'ont pas réussi à résoudre le ou les conflits responsables de la gravité de leur maladie. Il est donc normal de trouver, chez les patients en cours d'amélioration, un moral meilleur.

Les SIMONTON remarquèrent encore qu'il y avait certains patients qui pouvaient retarder l'échéance finale. Ceux-là marchandaient avec la mort, par exemple : « Je ne peux pas mourir, je ne peux pas m'en aller avant que ma fille se marie. » Ils se sentent indispensables et pensent qu'ils doivent être là jusqu'à ce que...

Les SIMONTON, tout comme LeSHAN, cherchèrent si les malades avaient subi une agression, changement de vie, stress, deuil, perte d'un « objet d'amour », deux mois à deux ans avant la découverte du cancer.

Le but de leur psychothérapie est de débroussailler le terrain de vie du patient pour y découvrir les embûches, les trous ou les cailloux dangereux qui y sont cachés. Découvrir les difficultés de vie qui stressent l'individu et inhibent son système immunitaire.

Les SIMONTON en arrivèrent à la conclusion : « Puisque les malades qui ont guéri sont des battants qui se persuadent et se voient guérir, nous devons donc apprendre à nos patients à devenir des battants » (14, 15).

Les SIMONTON n'acceptaient, dans leur hôpital, que des cancers terminaux ou des gens opérés depuis moins de six mois.

Stéphanie MATTHEWS-SIMONTON connaissait, comme psychologue, les travaux de son collègue Robert ROSENTHAL (51), qui a découvert ce qu'il appelle « la réalisation automatique des prédictions ». Cette découverte explique que nous nous comportons bien souvent de manière à augmenter la probabilité que notre attente se réalise.

Le sociologue Robert MERTON écrivit, quant à lui, dans un livre aujourd'hui épuisé, un chapitre sur la « prédiction destructive »*.

Un professeur qui croit que ses élèves peuvent réussir et qui arrive à le communiquer verbalement, mais aussi non verbalement, par des micro-mouvements, remarque qu'il obtient un pourcentage de réussite supérieur aux autres professeurs.

<u>De même, le médecin qui croit à la guérison de son malade et qui peut arriver à le communiquer obtient plus de résultat que le confrère qui n'y croit pas.</u>

Je connais de nombreux médecins qui ne croient pas à la guérison de leurs patients; ils ont peur du cancer et essayent de le cacher à leurs malades.

---

*   Eléments de théorie et de méthode sociologique, Ed. Plon, 1955.

Nous savons aujourd'hui, grâce à la communication non verbale, qu'il y a contradiction entre les messages d'espoir émis verbalement et les messages de désespoir transmis non verbalement par de petits comportements et micro-mouvements, inconscients pour la plupart.

Les effets secondaires de la chimiothérapie ou des rayons sont aussi accentués par l'attente pessimiste qu'en a le patient. De même, les douleurs sont plus fortes lorsque le patient est envahi par le désespoir et la panique. Des patients ont eu la nausée alors que le traitement ne leur avait pas encore été administré.

On a demandé aux SIMONTON s'ils ne donnaient pas de faux espoirs à leurs patients. Leur réponse a été catégoriquement négative.

<u>Une attente positive ne garantit pas la guérison, mais on sait qu'elle en augmente la possibilité.</u>

Imaginez que vous tombiez à l'eau avec un ami en plein océan. Celui-ci est pris de panique et vous crie qu'il n'y a plus aucun espoir. Vous essayez de le calmer, de lui redonner confiance en expliquant qu'il doit ménager ses forces dans l'attente des secours. Vous n'arrivez cependant pas à le persuader que les secours ne vont pas tarder. Il continue de crier et de gesticuler. Quelque temps plus tard, sans que vous puissiez lui venir en aide, le malheureux, épuisé, se noie.

Vous êtes seul, vous restez calme, vous nagez pour vous réchauffer et puis vous vous reposez en faisant la planche. Plusieurs heures plus tard, un bateau alerté de votre disparition vous aperçoit et vous sauve la vie.

Le déroulement de l'histoire dépend évidemment de votre personnalité.

Si vous avez un cancer avancé et que vous gardez l'espoir de guérir et que, grâce à ces quelques jours, semaines ou mois de rémission, vous découvrez ce livre ou un autre, vous expliquant comment apprivoiser le cancer, la prise de conscience d'un outil de guérison que vous portez en vous, mais que vous ignoriez jusqu'alors, pourrait vous permettre de vous guérir du cancer. Je suppose que vous feriez comme moi et les patients à qui j'ai redonné confiance et qui ont guéri, alors qu'ils étaient abandonnés et prêts à être euthanasiés à la morphine. Eux aussi, là où ils sont, se battent pour apporter à d'autres cette bouée de sauvetage.

Dans notre histoire précédente, nous aurions également pu permettre à notre héros perdu dans l'océan de comprendre le fonctionnement du gilet de sauvetage qu'il portait sans le savoir.

Certains lecteurs auront du mal à accepter l'espoir et les idées émises par ce livre. Il n'y a, en cela, rien de surprenant. Nous voyons constamment autour de nous des parents qui n'arrivent plus à comprendre leurs enfants alors qu'ils sont leurs propres géniteurs. S'il nous a fallu des années pour construire nos croyances, notre « modèle du monde », il n'est pas possible de comprendre une nouvelle approche du cancer après une heure de lecture. C'est la raison pour laquelle, en consultation, il convient de prendre beaucoup de temps pour expliquer au malade, et aussi à ses proches, qu'il faut progressivement abandonner l'idée que le cancer est une maladie qui vous tombe dessus par malchance, ou qu'elle se développe sournoisement depuis des années et que vous ne pouvez plus rien faire pour l'enrayer.

<u>Au contraire, si vous comprenez que vous êtes responsable de votre maladie, vous saurez que vous avez aussi le pouvoir d'en guérir.</u>

Si vous avez pu construire un piège quelconque, il est dans vos possibilités de le rendre inutilisable.

Toutefois, certaines personnes sont expertes pour construire des pièges dans lesquelles elles s'enferment avec l'impossibilité d'en sortir. Personne ne peut les aider, elles seules en ont la clé. Elles se sont placées dans une double contrainte : en sortir c'est s'exposer à mourir et s'enfermer c'est mourir également. Dans les deux cas, elles sont perdantes.

On trouve aussi cette stratégie chez les schizophrènes, qui eux ne « somatisent » pas au niveau physique, mais au niveau psychique. Pour eux, ce sont les parents qui, inconsciemment, ont construit les pièges dans lesquels ils sont tombés. Les scanners montrent alors des perturbations du champ de Hamer localisés dans les hémisphères opposés du cerveau, indiquant deux conflits, la double contrainte.

Selon une histoire très ancienne, le diable mit un jour en cause la toute-puissance de Dieu en lui demandant de créer un rocher si énorme que Dieu lui-même ne saurait le soulever. Quel choix restait-il à Dieu ?

S'il ne pouvait soulever le rocher, il cessait d'être tout-puissant; s'il pouvait le soulever, il était donc incapable de le faire assez gros.

Il n'y a pas de patients miraculeusement guéris. Il y a des patients courageux qui ont fait face à leur conflit et à l'arsenal thérapeutique et qui ont spontanément utilisé les lois mises en évidence par les SIMONTON.

Michel Moirot

Le docteur Michel MOIROT s'occupe depuis 1949 de médecine et de recherches psychosomatiques. Il n'a d'ailleurs pas peur d'affirmer, dans son livre *L'Origine des Cancers* paru en 1985 (42), que « toutes les maladies organiques acquises au cours du déroulement de la vie de l'individu dans le monde ambiant, à part les intoxications et certains accidents, sont psychosomatiques. » Il ajoute : « dans la plupart des accidents, il existe une participation inconsciente de l'accidenté au traumatisme qu'il subit... »

Pour démontrer que le cancer a bien une origine psychique, il s'est tout d'abord intéressé, comme nous l'avons vu plus haut, aux expérimentations animales. Il a revu tous les protocoles d'expériences et constaté que l'on ne tenait pas compte du respect de l'animal lors de ces expériences.

La cancérisation provoquée par une substance oncogène (cancérigène) était en grande partie liée au stress et aux conditions inhumaines dans lesquelles les expérimentations étaient effectuées.

Pour approfondir ses recherches et démontrer de manière rationnelle et irréfutable l'origine psychosomatique de la cancérisation, le docteur MOIROT a choisi ensuite des sujets humains habitant depuis de nombreuses années au même endroit, sur le même sol, vivant ensemble de la même façon; mangeant les mêmes aliments, buvant la même eau et soumis aux mêmes influences telluriques, atmosphériques et climatiques. Il s'est donc adressé aux seuls groupes humains remplissant ces conditions, c'est-à-dire les communautés religieuses, en faisant une distinction entre les cloîtrés et les non-cloîtrés.

Ces recherches ont été faites dans cinquante-deux départements français où vivent des carmélites et des clarisses. Ensuite, il a étendu l'étude aux couvents cloîtrés masculins (chartreux, trappistes) et non cloîtrés (carmes, rédemptoristes), et enfin aux non cloîtrés féminins.

Il a également poursuivi ses investigations en Espagne et en Israël. Qu'a-t-il découvert ?

Tout d'abord, un pourcentage plus élevé de décès par cancer chez les cloîtrés, hommes et femmes, chez qui les règles de vie en communauté sont plus strictes. Il remarqua également que le taux de mortalité augmentait vers le Nord, à l'exception de la Corse, seul pays du Sud où les règles monastiques sont aussi sévères que dans le Nord.

Dans les pays plus froids, la morale est appliquée plus sévèrement, elle est plus contraignante.

Dans ces cancers, on trouve un taux élevé de cancers du sein, des organes sexuels, de la prostate et du larynx.

Le docteur MOIROT en a déduit que le cancer traduit l'autodestruction d'un sujet, somatisé dans un organe cible capable d'incarner cette destruction.

Dans son livre déjà cité, il étudie aussi les rapports cancer-psychisme chez BONAPARTE, Sigmund FREUD, le Président POMPIDOU, etc.

Le lecteur averti retire de ce livre que les malades atteints d'un cancer sont des personnes qui ont, dans un ou plusieurs secteurs, une rigidité psycho-affective à laquelle elles sont attachées. On pense immédiatement à ce « tuteur » que j'ai déjà mentionné plusieurs fois.

Dernièrement, une patiente espagnole se présente à mon cabinet avec un cancer du sein droit et un cancer des ganglions lymphatiques du cou.

Lors de l'anamnèse, j'apprends qu'elle a découvert par hasard, en août 1985, une douleur piquante en dessous du mamelon droit. A cette époque, elle se sentait en pleine forme et fut étonnée du diagnostic formulé par les médecins.

Il s'agit d'une femme solide, qui n'a pas peur et affronte courageusement cet obstacle comme un matador. Finalement, comme les examens sont bons et que le cancer n'évolue pas, on décide, par mesure de prudence, de lui enlever le sein. Aucun traitement n'est envisagé et les ganglions sont conservés.

En février 1988, son frère meurt d'un cancer dans d'atroces souffrances.

En juin de la même année, on découvre des métastases (foyers parasitaires de cellules-filles cancéreuses essaimant à distance d'un cancer primitif) aux ganglions lymphatiques du cou, du côté droit.

Revenons aux faits antérieurs :

Août 1979, son fils aîné se marie. Pour une famille espagnole, le fils aîné est très important.

Janvier 1980, elle apprend que son fils se sépare.

La patiente se rappelle avoir été très choquée car, en Espagne, quand on se marie, on ne se sépare pas.

On retrouve ici un facteur de rigidité territoriale.

Janvier 1983, le fils aîné est incarcéré. Il hébergeait chez lui un couple de délinquants.

La patiente est de nouveau effondrée : l'honneur de la famille est, une fois de plus, mis en jeu.

Le mari se rappelle que, pendant les six mois qu'a duré l'emprisonnement de son fils, son épouse ne mangeait plus, ne dormait plus et avait beaucoup maigri.

Aujourd'hui, elle ne veut plus voir son fils.

En résumé, le cancer du sein avait certainement commencé en janvier 1980, puis était resté stationnaire jusqu'en janvier 1983 où il a repris sa croissance.

Au moment où la patiente a découvert, par hasard, son cancer, celui-ci était certainement arrêté depuis juillet 1983, date de la sortie de prison.

Avant et après l'opération, tout allait bien jusqu'à ce qu'elle apprît le cancer de son frère et qu'elle le vît souffrir horriblement avant d'en mourir.

Cette fois, elle commença à penser qu'elle aussi pourrait mourir de cette façon. A partir de ce jour-là, elle fut terrorisée.

Ce cancer au cou est bien un cancer actuel en pleine évolution dû à la panique de la souffrance.

Elle reçut des rayons sur cette région, ce qui provoqua la chute des cheveux de l'arrière de la nuque. La pensée de perdre ses cheveux augmenta la peur du traitement, car, dans sa famille, toutes les femmes sont fières de leurs cheveux (autre tuteur).

Je l'ai rassurée et lui ai recommandé de partir en vacances en Espagne. A son retour, elle me fit savoir qu'en Espagne, elle n'avait plus eu le temps de penser à sa peur et que le gonflement au cou avait presque disparu. Ses mains étaient bien chaudes et elle avait envie de redevenir active.

Ce cas nous montre, que dans la vie, nous devrions apprendre à être moins sérieux, à être plus souples.

En cybernétique, on sait que c'est l'élément le plus adaptable qui vit le plus longtemps.

Le docteur MOIROT va jusqu'à dire : « Si le cancéreux pouvait devenir fou, il guérirait de son cancer. »

> **Le profil du cancéreux est une rigidité psycho-affective qu'il ne peut éliminer ou changer de peur de se détruire lui-même. Ce réflexe de survie est celui-là même qui, paradoxalement, met sa vie en danger.**

Edward Bach

Je ne terminerai pas ce chapitre sur les pionniers sans parler du célèbre médecin anglais, le docteur Edward BACH, 1886-1936 (4, 9, 52, 55).

Comme nous allons le voir, le docteur Bach n'effectua pas de recherches spécifiques sur l'origine psychique du cancer, mais il contribua, par ses recherches, sa philosophie et son approche de la maladie, à montrer le lien entre le psychisme et la maladie.

Après avoir été pathologiste, bactériologiste, il mit au point des vaccins préparés avec les bacilles contenus dans l'intestin des malades. Il révolutionna ainsi le traitement de certaines maladies chroniques (migraines, rhumatismes...).

Afin de limiter les effets secondaires de ses vaccins, il les dilua et les dynamisa pour créer les « nosodes homéopathiques », toujours utilisés de nos jours.

Grâce à son don de l'observation, il remarqua qu'il existait une relation entre le type de personnalité du malade et le bacille dont celui-ci était porteur. Tel type de personnalité correspond à tel type de bacille. En parlant avec le patient, il arrivait à déduire le type de bacille qui se trouvait dans ses intestins.

Il publia différents communiqués dont un intitulé : « La toxémie intestinale dans sa relation avec le cancer ». Il y indique que l'amélioration obtenue est due à l'amélioration de l'état général, grâce aux nosodes et à un régime alimentaire composé essentiellement de crudités pour détoxiquer l'organisme, et non grâce au traitement local.

Dans tous ses travaux, on trouve le souci de renforcer le terrain de l'individu, autrement dit ses propres défenses. C'est ce que la science médicale actuelle commence à comprendre lorsqu'elle parle de renforcer le système immunitaire.
Il dit encore : « La maladie est une sorte de dysharmonie, lorsqu'une partie du tout ne vibre plus à l'unisson des autres parties. » Nous trouvons déjà là, la notion de médecine globale, de médecine holistique, comme nous l'appelons aujourd'hui.

De plus en plus, le docteur BACH s'intéressa à l'être humain, il l'observa dans un hall de gare, dans la rue, à la plage, etc.

En 1928, lors d'un dîner ennuyeux, alors qu'il observait les convives, il décida de ne plus prêter autant d'attention à la personnalité, mais plutôt aux réactions que les individus ont face à une situation, face à la maladie ou à la vie en général.

Un tel est indécis, un autre peureux, un autre encore, colérique, possessif, jaloux, impatient, etc.

La même année, il décida de quitter son laboratoire en plein coeur de Londres pour se rendre dans la campagne du pays de Galles, là où se trouve le grand laboratoire de la nature qu'il aime tant.

Il sillonna champs, montagnes, bois et vallées, à la découverte des simples de la nature.

Progressivement, habitué depuis tout jeune à écouter la nature, il en arriva à comprendre son message, sa signature.

En septembre 1928, il découvrit les deux premières fleurs : l'impatience, pour rééquilibrer les comportements d'irritabilité, et la muscade dorée, pour redonner courage à ceux qui ont peur de choses précises, peur de la maladie, de manquer d'argent, peur des autres, des animaux, etc.

Il publia en février 1930, dans *The Homeopathic World* l'article « Quelques nouveaux remèdes et leur utilisation ».

Il prépara et mit ainsi au point trente-huit remèdes pour rééquilibrer les états d'esprit négatifs (jalousie, intolérance, manque de confiance, indécision, etc.). Il en ajouta un trente-neuvième appelé « Remède de secours », pour les situations d'urgence comme un choc, une mauvaise nouvelle, un cauchemar, etc.

Avec ces produits, connus en français sous le nom d'« harmonisants », on ne traite pas la maladie, mais les comportements négatifs qui perturbent le rayonnement électro-magnétique (mis en évidence par la photographie Kirlian*). Ces perturbations énergétiques perturbent à leur tour le fonctionnement des glandes endocrines qui, avec l'aide du système nerveux autonome, commandent le bon ou le mauvais fonctionnement du corps.

Il y aura probablement, dans quelques années, une nouvelle branche scientifique qui sera connue pour ses recherches sur la relation entre les glandes endocrines et le psychisme : la psycho-endocrinologie ou l'endocrino-psychologie. On démontrera que l'âme et l'esprit communiquent avec le corps à travers les transformateurs que sont les glandes (47).

En attendant, il est possible à tout le monde d'utiliser la méthode du docteur BACH, que ce soit pour un être humain ou un animal. Les harmonisants, toujours préparés là ou le docteur BACH a vécu, c'est-à-dire à Sotwell, en Angleterre, sont naturels et sans danger. Ils ont fait leurs preuves depuis plus de cinquante ans dans différentes parties du monde**.

> « La maladie est la cristallisation d'une attitude mentale », disait le docteur Edward BACH.

---

*   Electrophotographie sous haute tension, qui permet de mettre en évidence des changements subits de l'état émotionnel et physiologique du sujet observé.

**   The Dr Edward Bach Center, Mount Vernon, Sotwell, Wallingford, OX10 / OP2, England. Tél : Wallingford 39489 930-1500.

     Amicale du Dr Bach, asbl, 14 avenue du Houx, 1170 Bruxelles, Belgique. Tél : 32 26 73 09 99.

CHAPITRE III

L'origine des cancers découverte dans le cerveau

Un homme, une découverte...

Le 18 août 1978, Dirk HAMER, le fils du docteur Ryke Geert HAMER, alors âgé de dix-neuf ans, est atteint mortellement d'une balle, pendant son sommeil. Il décède, le 7 décembre 1978, à l'hôpital d'Heidelberg, en Allemagne, dans les bras de son père. Quatre mois après le choc dramatique, le docteur HAMER fait un cancer testiculaire.

Le docteur HAMER est un grand chercheur dans l'âme et un excellent médecin. Il a tôt fait de se demander s'il existe une relation de cause à effet entre la mort de son fils, qu'il n'arrive pas à oublier, et son propre cancer.

En septembre 1981, après avoir examiné environ 170 patients, il est persuadé qu'il existe bien un lien entre un choc conflictuel, émotionnel, et l'apparition du cancer.

En examinant de nouveaux et d'anciens patients, il fit une constatation prodigieuse. Il mit en évidence, d'une part, la relation entre les conflits à coloration sexuelle et les cancers du col de l'utérus et, d'autre part, entre les conflits humains à caractère général et les cancers du sein.

Il remarqua également que chaque type de cancer avait un délai de manifestation bien particulier.

A partir de ce jour-là, il vérifia minutieusement tous les cas antérieurs et, grâce à sa faculté aiguë de discernement, il fit une autre découverte absolument stupéfiante : les patients qui avaient survécu avaient résolu leur conflit !

Il publia, en février 1984, le livre *Cancer, Maladie de l'Ame* en allemand (27).

Depuis lors, il a continué ses recherches sur plus de 10.000 cas, qui confirment sur tous les points ce qu'il a appelé la **loi d'airain du cancer**.

Les éditions Amici di Dirk ont sorti en 1987 le premier tome d'une trilogie de plus de 2000 pages, avec plus de cent exemples et de nombreuses reproductions de radiographies et scanners du cerveau, qui démontrent scientifiquement la valeur de sa découverte.

La traduction du premier tome est sortie en français en deux volumes en juillet 1988 (28). Ce livre, très technique, dans lequel de nombreux cas sont présentés, s'adresse plus particulièrement aux médecins et aux personnes averties de la terminologie médicale.

Le docteur HAMER classe les tumeurs en tenant compte de l'évolution embryologique des tissus dont sont issus les organes.

Ceux et celles qui souhaiteraient connaître cette classification auront intérêt à se reporter au livre du docteur HAMER *Fondement d'une Médecine nouvelle*, tome I, première partie.

La découverte du docteur HAMER ne révolutionne pas uniquement le cancer mais la médecine toute entière, la médecine du corps comme celle de l'esprit.
Qu'il ne soit venu à l'idée de personne, dit le docteur HAMER, que le cerveau, ordinateur de notre organisme, puisse être responsable de toutes les maladies, est tout de même étrange à l'ère de l'informatique.

Le docteur HAMER rejoint la pensée de Rudolf STEINER, père de la médecine anthroposophique (du grec *anthropos*, homme, et *sophia*, sagesse) lorsqu'il dit : « L'homme s'imagine qu'il pense, mais, en réalité, il est pensé à sa place. »

Lorsque le docteur HAMER, en septembre 1981, déposa sa thèse de doctorat de troisième cycle sur sa découverte, il n'avait pas encore vu de scanner cérébral, mais il présumait qu'il devait y avoir, dans le cerveau, une aire spécifique perturbée par le conflit psychique qui hantait le malade.

C'est seulement le 6 avril 1983 qu'il découvrit les fameux foyers de Hamer au cerveau, les stations relais de notre sphère de comportement biologique qui, à la suite d'un conflit, se mettent en état de sympathicotonie (innervation de combat et de défense placée directement sous le contrôle du système nerveux autonome parasympathique) permanente.

Le patient qui permit cette mise en évidence avait eu un conflit dramatique qui aurait pu secouer l'individu le plus calme.

Un commerçant concurrent jaloux avait dénoncé, pour manque d'hygiène, le stand de boucherie-charcuterie de son magasin d'alimentation.

Le jour de l'inspection du service d'hygiène, comble de malheur, son petit chat le suivit dans la chambre frigorifique. Le stand de boucherie qui attirait la clientèle fut fermé.

Pendant un an, il souffrit de violents maux d'estomac et fit des crises d'angine de poitrine.

Il réussit enfin à louer son magasin et à résoudre son conflit.

Ce patient a eu un mélanome (type de cancer de la peau) lié à un conflit de souillure, un ulcère gastrique et un infarctus du myocarde dû à la résolution du conflit.

Pour le docteur HAMER, lors de la résolution du conflit de territoire qui a provoqué le cancer, il s'est formé, dans le cerveau du patient, un oedème (accumulation de liquide) dans la région péri-insulaire de l'hémisphère cérébral droit, là où se trouve le centre du rythme cardiaque chez un droitier. Cet oedème serait en fait responsable de l'infarctus (28).

A la clinique on annonça au patient que son mélanome faisait des métastases, ce qui était totalement faux. Le patient, pris de panique, fit un nouveau conflit et pensa qu'il n'avait plus aucune chance de s'en tirer. Ce conflit eut pour conséquence le développement d'un cancer bronchique.

Sur le scanner, le docteur HAMER fut très étonné de voir deux énormes foyers de Hamer; il ne pensait pas que ceux-ci fussent aussi gros.

Les malades qui survivent à leur cancer ont résolu leur conflit ou ont réussi à prendre une certaine distance vis-à-vis de lui.

L'homme, un être double

La dualité est partout dans la nature : le haut et le bas, le chaud et le froid, la lumière et l'obscurité, l'homme et la femme, la matière et l'antimatière, etc. Tout en fait, dans l'univers, est construit et existe grâce à la loi de dualité.

La manifestation n'est possible que lorsqu'une polarité rencontre la polarité opposée : le fil négatif et le fil positif nous permettent d'utiliser l'énergie électrique pour nous chauffer, nous éclairer, etc., mais aussi pour tuer.

C'est grâce aux différences que l'homme peut prendre conscience de ce qui l'entoure. Nous n'aurions, par exemple, pas conscience du chaud s'il n'y avait pas une différence entre la température interne de notre corps et celle provenant de l'atmosphère ambiante.

L'homme, comme l'explique le docteur HAMER, a un cerveau ancien double (tronc cérébral et cervelet) et un cerveau nouveau ou télencéphale double (les deux hémisphères). Il a également une double vascularisation artérielle, une double innervation motrice, une double innervation sensible, etc.

L'homme a donc deux vies, l'une liée à son cerveau

ancien, qui innerve le système nerveux parasympathique, l'autre liée à son cerveau plus récent, qui innerve le système nerveux sympathique, notamment par le diencéphale (partie du cerveau située entre les hémisphères et le tronc cérébral).

Le docteur HAMER arrive à expliquer tout le fondement d'une nouvelle médecine en partant de la compréhension du système nerveux autonome.

Ce que le docteur HAMER ignore, c'est que, depuis des siècles, dans les véritables écoles ésotériques, on enseigne l'importance de la dualité du système nerveux autonome et comment l'utiliser pour amener la guérison.

Le fonctionnement des glandes endocrines, encore incompris aujourd'hui, était connu des initiés (47). L'endocrinologie, répétons-le, deviendra avec le temps une science essentielle pour comprendre l'importance du psychisme sur le corps. Elle sera mise en relation étroite avec la psychologie.

C'est grâce aux différences que l'homme prend conscience.

La loi d'airain du cancer

Cette loi, dont le DHS (Dirk-Hamer-Syndrom, du nom du fils du docteur Hamer, Dirk) est la pièce maîtresse, s'énonce ainsi :

1. Toute maladie du cancer débute par un DHS, c'est-à-dire un choc conflictuel extrêmement brutal, dramatique et vécu dans l'isolement, qui provoque au cerveau un foyer de Hamer et dans l'organe le démarrage du cancer.
2. A l'instant du DHS, la teneur du conflit détermine aussi bien la localisation du foyer de Hamer au cerveau que la localisation de la tumeur cancéreuse dans l'organe.

3. A partir du DHS, il y a corrélation entre l'évolution du
   conflit, celle de la modification du foyer de Hamer au
   cerveau et celle de la tumeur cancéreuse dans l'organe.

Le cerveau, un ordinateur

Pour comprendre la découverte du docteur HAMER,
revenons plusieurs centaines d'années en arrière.

La vision du monde et le système de valeurs qui se trouvent à la base de notre culture furent formulés dans les
grandes lignes aux 16e et 17e siècles (8).

Avant cela, nous trouvons une conception médiévale
attachée à l'animisme (religion qui attribue une âme à tous
les phénomènes naturels). Puisque le monde et l'univers
étaient peuplés de dieux et de démons, les maladies furent
donc causées par des démons qu'il fallait exorciser.

Cette perspective médiévale se modifia au cours des siècles et, à partir du 16e siècle, grâce à la science mécaniste,
elle fit place à une vision du monde considéré comme une
machine. La conception du « monde machine » fit que l'on
commença à considérer l'homme, également, comme une
merveilleuse mécanique.

La découverte de l'électricité amena celle des énergies
électriques dans le corps humain.

L'étude du comportement physique des gaz conduisit à la
formation de la célèbre hypothèse atomique, qui fut l'étape la
plus importante de toute l'histoire de la chimie, et l'homme
fut considéré comme un grand laboratoire. Ensuite, on
découvrit les rayonnements électromagnétiques et l'on vit se
développer d'autres formes de connaissances concernant le
corps de l'homme.

Nous sommes aujourd'hui en pleine ère de l'électronique,
plus rien ne se fait sans elle et il n'est pas étonnant que le
docteur HAMER ait découvert que tous les processus et phé-

nomènes psychiques sont reliés et coordonnés par le cerveau, celui-ci étant, en quelque sorte, le grand ordinateur de notre organisme.

Nous avons donc un psychisme-programmeur, un cerveau-ordinateur et un corps-machine ou corps-usine.

En cas de programmation erronée, le corps est autant affecté que le psychisme : le premier sous forme de maladie, le second sous forme de dépression, de panique, de mauvaise humeur, etc.

A l'inverse, il arrive que le corps, à la suite de blessures, de douleurs fulgurantes, de graves erreurs alimentaires, etc., soit en mesure d'induire une programmation erronée du cerveau et du psychisme. Par exemple, l'irradiation nucléaire, les isotopes radioactifs, provoquent des perturbations du champ de Hamer au cerveau.

Tous les processus et phénomènes physiques et psychiques sont reliés et coordonnés par le cerveau, véritable ordinateur de notre organisme.

L'impact cérébral du DHS

L'impact du choc brutal du DHS dans le cerveau-ordinateur est fonction de l'indice de réfraction individuel.

En effet, l'expérience montre qu'à l'instant du DHS, l'événement est perçu à travers un filtre coloré personnel qui varie, non seulement, d'une personne, d'un tempérament à l'autre, mais aussi selon les circonstances et la conjoncture.

Dans l'ordinateur-cerveau, il y a différentes aires cérébrales responsables des différentes sphères psychologiques. C'est ainsi que chaque aire cérébrale est responsable d'une activité psychique et en même temps d'une activité physique.

Nous retrouvons, encore une fois, la loi de dualité.

S'il y a perturbation psychique, l'aire cérébrale court-cir-cuitée ne va plus pouvoir envoyer un message correct aux cellules de l'organe sous son contrôle. Ces cellules, sans directives, sans programmes, sont appelées des cellules can-céreuses.

Cela explique qu'une dévalorisation de soi dans le do-maine sexuel ne provoque jamais d'ostéolyse (résorption du tissu osseux) des vertèbres cervicales, mais toujours une ostéolyse du bassin. Le bassin se trouve associé à la sexua-lité dans une aire cérébrale bien particulière (position latérale), alors que le foyer de Hamer des cervicales se trouve localisé dans la moelle du cerveau en position frontale.

C'est la coloration du conflit, le jour sous lequel il se présente à l'imagination du patient, au moment du DHS, qui provoque une tension, un survoltage insoutenable dans l'aire spécifique du cerveau qui correspond à la teneur du conflit. Il s'y produit alors une rupture de champ électrochimique.

<u>Sous l'effet de cette panne de programmation, l'organe cible tributaire de cette aire cérébrale court-circuitée est soumis en permanence à une salve de codes erronés qui induit une pro-lifération anarchique des cellules : c'est le démarrage immé-diat du cancer.</u>

Un conflit, différentes programmations

Une femme surprend son mari en flagrant délit d'adul-tère. Plusieurs réactions peuvent se présenter, donc différents conflits, et ceux-ci seront fonction de l'importance, primordiale ou secondaire, qu'elle attache à l'aspect sexuel.

1. S'il est pour elle capital et essentiel, il y a bien des chances que le DHS ait un impact cérébral dans la

zone péri-insulaire du lobe temporal gauche (localisation du conflit sexuel de frustration chez la
femme), et l'organe cible sera le col de l'utérus.

2. Mais il se peut tout aussi bien que l'épouse trompée
attache moins d'importance à l'aspect essentiellement
sexuel. Par contre, la dominante psychique est la
trahison d'un amour sans partage. Dans ce cas, c'est
dans l'hémisphère cérébelleux (qui appartient au
cervelet) gauche (pour une droitière), responsable
d'un cancer au sein droit chez la femme, que
tombera le coup de foudre provoqué par un conflit
humain général.

3. Une blessure identique mais plus profonde, plus in-
tériorisée, se traduira par un cancer de la plèvre
droite. Le foyer de Hamer sera localisé au cervelet,
en position para-médiane gauche.

4. Admettons cette fois qu'elle vive ce DHS comme un
conflit de dévalorisation, qu'elle pense ne plus faire
le poids. Il y aura alors impact dans la moelle occi-
pitale du cerveau et un cancer des os dans la zone du
bassin proche de la sphère sexuelle.

5. D'autres variantes peuvent encore se présenter
comme trouver l'acte de son mari « dégoûtant », une
cochonnerie, une vilenie impossible à digérer, qui se
traduira par un cancer au côlon, au gros intestin, par
le biais d'une partie archaïque du tronc cérébral.

6. Il se peut que la patiente soit ménopausée et de ce
fait réagisse, non plus comme une femme, mais
comme un homme. Dans ce cas, le conflit de territoire provoquera un carcinome (tumeur cancéreuse)
coronaire et un carcinome brohchique avec un foyer
dans la zone péri-insulaire de l'hémisphère droit.
Le conflit de « cochonnerie » donnera un cancer de
la vessie, etc.

Ne considérez pas l'événement d'après votre coloration,
mais d'après le prisme au travers duquel le patient a perçu la
situation. Lui seul peut fournir la clé de l'énigme.

Chaque aire cérébrale est responsable d'une activité psychique et en même temps de l'activité d'un organe du corps. S'il y a, suite à un conflit, perturbation de l'aire cérébrale en relation avec le conflit, l'organe sous son contrôle ne peut recevoir le codage convenable et les cellules sans directives deviennent anarchiques.

Polarisation du système nerveux

Après un DHS, le patient est complètement envoûté par son conflit; il en est prisonnier. Face à cette situation de stress et d'urgence, l'organisme se branche immédiatement sur le système nerveux autonome orthosympathique : le système nerveux de l'action et du combat. C'est la phase dite de sympathicotonie.

Tant que dure le conflit, le patient est obsédé par l'idée de remporter la victoire sur un autre ou sur lui-même. L'organisme tourne à plein régime, au détriment de la détente, du repos et du délassement.

Le patient, à ce stade du combat, a très peu d'appétit, il dort mal, pense sans arrêt à son conflit ou à son problème.

Il y élévation de la pression artérielle, accélération des rythmes cardiaque et respiratoire, ralentissement de la motilité (mouvement) du tractus digestif et de la sécrétion des glandes intestinales.

La sympathicotonie se reconnaît au masque figé, au regard fixe et aux paumes des mains froides et moites.

Pendant cette phase active du conflit, il y a prolifération de cellules sans programmes, donc cancéreuses, et de nécroses. Plus le foyer de Hamer est étendu, plus sont étendues également la tumeur, la nécrose ou l'altération des cellules.

Plus le conflit est intense, plus la croissance de la tumeur est rapide

Le docteur HAMER cite le cas d'un patient qu'il avait examiné dans un hôpital universitaire en Allemagne.

Ce patient n'arrivait pas à trouver son conflit de territoire. Cela peut arriver car, bien souvent, le patient a une toute autre idée de ce que peut être un conflit et peut affirmer ne pas avoir eu d'ennui important.

Dans ce cas précis, le docteur HAMER a pu retrouver, grâce à un calcul, que le conflit devait avoir eu lieu six mois plus tôt.

Le patient, après avoir réfléchi, répondit : « Maintenant que vous me posez la question comme ça, docteur, je vois bien quelque chose qui irait dans le sens de ce que vous dites, mais tout de même... »

Il s'était passé que les oiseaux exotiques de sa volière, dont il était fier (on retrouve ici le tuteur), un matin, alors que la cage était bien fermée, avaient disparu. Il pensa tout d'abord à des voleurs. mais finalement, on découvrit un trou minuscule creusé sous la volière.

Une belette avait détruit son « territoire ».

Après de nombreux échecs, il parvint à piéger la belette et racheta des oiseaux.

Depuis ce conflit, il n'avait eu de cesse de retrouver le rival qui avait disputé son territoire.

Le conflit fut résolu au bout de trois mois et demi, c'est-à-dire à l'instant même où il put tuer la belette.

Un autre cas permettra de mieux comprendre le genre de réaction qui peut se présenter.

Une dame était venue me trouver après avoir assisté à l'une de mes conférences. Elle n'était pas contente : « Votre conférence était très intéressante mais, concernant mon cancer, il n'y a eu aucun conflit du genre de celui que j'aurais dû vivre, j'y ai longuement réfléchi, mais je ne retrouve rien ».

Cette dame avait un cancer du sein gauche et j'avais été averti par le mari qu'elle était également atteinte d'un cancer des intestins.

En fait, sept mois auparavant, une voisine avait renvoyé

son fils en le traitant de « pourri », de gâté, qui ne venait jouer avec son fils que pour le rendre jaloux en lui montrant ses nouveaux jouets. Elle en fut tellement outrée qu'elle refusa dorénavant que son fils retourne jouer chez la voisine.

Elle avait pensé à cette injustice pendant quelques semaines, pensée entretenue chaque fois qu'elle revoyait la voisine (conflit responsable du cancer des intestins). Entre-temps, le fils, à qui elle avait interdit de revoir le voisin, refusait le contact avec sa mère.

Je lui fis remarquer que, peut être, il y avait là un conflit mère/enfant responsable du cancer du sein gauche. Elle répondit outrée : « Mais non, cela me faisait mal qu'il refuse de venir dans mes bras, mais, avec le recul, ce n'était pas si terrible. En fait, j'ai compris qu'à son âge, il voulait devenir plus indépendant. »

Ce n'est pas ce que l'on pense après coup qui compte, mais l'impact, la coloration psychique vécue lors du choc conflictuel. Cet exemple le révèle.

Cette femme avoua finalement avoir souffert terriblement de la situation quelques mois plus tôt.

Un dernier exemple.
Un homme de cinquante-quatre ans, cancer du foie.

Lorsqu'il me téléphone pour prendre rendez-vous et avoir quelques renseignements, je lui demande s'il a eu des problèmes d'argent. Il me répond que non et je n'insiste pas.

Lors de la consultation, je lui demande ce qui, à part sa maladie, l'inquiète le plus ou l'aurait inquiété le plus il y a environ six mois. « Rien de particulier, répondit-il, mais il y a deux jours, mon assureur m'a proposé de rassembler mes deux emprunts sous un seul et a voulu me faire signer un papier lui permettant, en cas de décès, de vendre ma maison. J'ai trouvé cela absolument ignoble. »

Je lui demande s'il avait connu une autre situation où il avait été ainsi révolté.

Il raconte immédiatement que, vers la mi-juin 87, sa femme avait dû être hospitalisée et que son assurance avait refusé de payer les suppléments. « Cela m'a fait enrager, payer toute sa vie une assurance, n'avoir jamais été malade et se voir refuser un supplément de remboursement. »

On voit ici que ce patient n'avait pas, à proprement parler, de problèmes d'argent, du moins à ses yeux, mais qu'il y avait bien eu un conflit auquel l'argent était lié.

Pendant la phase active du conflit, le cerveau se branche sur le système nerveux sympathique, qui est le système nerveux du combat. A ce stade, le patient a les mains froides, l'appétit et le sommeil diminuent et il y a prolifération de cellules cancéreuses.

Les métastases

Tant que l'organisme tourne ainsi à plein régime, le patient risque fort de faire facilement un deuxième ou un troisième DHS. On parlera alors des prétendues métastases, s'il y a apparition d'un autre cancer à un autre endroit.

Ce dogme, très enraciné, appelé l'ensemencement hématogène, n'a jamais pu être vérifié puisqu'on n'a jamais pu découvrir de cellules-filles cancéreuses dans le sang circulant dans les artères, hormis lors d'une opération.

Le fait d'en découvrir dans les systèmes lymphatique et veineux n'est pas une preuve car, dans ces systèmes, le sang et la lymphe circulent de la périphérie vers le centre, c'est-à-dire vers le coeur et non vers la périphérie.

Pour atteindre un organe, les cellules seraient obligées d'emprunter la voie vasculaire artérielle.

Les cytopathologues et les histopathologues n'ont que

des preuves indirectes de l'existence des métastases. En attendant, de nombreux patients sont irradiés, opérés, traités par chimiothérapie, paniqués par ce dogme qui n'est qu'une hypothèse d'appoint erronée.

Interrogé sur ce point par le docteur HAMER, le docteur PFITZER, professeur de pathologie et de cytopathologie, doyen de la Faculté de Médecine de l'Université de Düsseldorf, répondit : « J'admets, moi aussi, que la médecine classique est tributaire de quantité d'hypothèses d'appoint. Pour ce qui est de la migration des cellules cancéreuses vers la périphérie, il est bien vrai que, jusqu'ici, il n'y avait surtout que des preuves indirectes. »

Un autre grand dogme est de croire qu'une cellule cancéreuse, dite primitive, puisse se transformer lors de sa transmigration sanguine, en une cellule cancéreuse responsable d'un cancer histologiquement différent du premier. Cela est impossible si l'on tient compte de l'embryogenèse.

C'est comme si vous annonciez que votre chat a mis au monde un petit chien.

Un autre dogme, encore fort enraciné dans les consciences, est de croire que le cancer provient d'une cellule transformée et que, dès lors, il faut plusieurs années pour que la tumeur puisse être décelée.

Pour qu'une tumeur puisse être facilement décelable suivant sa localisation, elle devrait mesurer environ 1 cm^3 et peser 1 g. D'après ce dogme, il faudrait attendre huit ans pour qu'elle atteigne cette taille ! (68).

A l'instant même du DHS, ce n'est pas une seule cellule du foyer de Hamer qui est en activité, mais toute une aire cérébrale constituée de milliers de cellules. De même, des dizaines de milliers de cellules de l'organe sont ainsi perturbées.

Les prétendues métastases sont en fait la localisation dans l'organisme d'un nouveau conflit.

Inactivation du cancer

Dès que le conflit est résolu, il y a inversion de polarité. L'organisme se branche automatiquement sur le système nerveux autonome parasympathique.

La sympathicotonie fait place à la vagotonie (innervation de repos et de récupération du système nerveux) ou parasympathicotonie.

<u>L'individu vient de vaincre son conflit, l'organisme peut maintenant se reposer.</u>

Tout comme après une bataille, il faut panser les plaies et reconstruire ce qui a été démoli. Le corps reçoit maintenant l'impulsion de régénérer et de réparer les dégâts, d'une part au cerveau et d'autre part dans l'organisme.

Le ou les foyers de Hamer au cerveau commencent à se réparer. La nature répare les lésions avec le ciment du cerveau : les cellules gliales. Il y a alors apparition d'un oedème intra (intérieur du foyer de Hamer) et périfocal (autour du foyer de Hamer) qui peut être mis en évidence par un scanner.

<u>Le cerveau-ordinateur envoie de nouveau un programme convenable de fonctionnement aux cellules sous son contrôle et la prolifération cellulaire de la tumeur dans l'organe s'arrête immédiatement.</u>

La tumeur s'oedématise elle aussi et guérit.

Il y a diminution des fréquences cardiaque et respiratoire, augmentation de la motilité et de la sécrétion de l'intestin, de la miction et de la défécation. L'organisme amorce une longue phase de régénération, normalisation du sommeil, reprise de l'appétit, constitution de réserves corporelles, regain de poids réel (pas seulement hydratation), sentiment de bien-être en dépit de la lassitude et du manque de ressort caractéristique de la vagotonie (qu'il ne faut pas prendre pour une

aggravation de la maladie, comme on le fait généralement).
A ce stade, il est déconseillé de jeûner, une nourriture équilibrée et fortifiante est indispensable.

D'ailleurs, affirme le docteur HAMER, bien des examens actuels sont mal interprétés.

<u>Dans la période de conflictolyse, c'est-à-dire la phase active qui mène vers la guérison, la circulation perturbée la plupart du temps est tout ce qu'il y a de plus normal, tandis que la circulation qui redevient stable est en fait l'indice d'une récidive de conflit ou d'une nouvelle panique.</u>

Si, dans l'état euphorique de la vagotonie, vous consultez imprudemment un représentant de la médecine conventionnelle et qu'il apprend que, quoique vous vous sentiez bien, vous êtes par contre fatigué et que, après analyse, il constate que votre formule sanguine est gravement perturbée, il vous regardera avec compassion et vous fera comprendre que c'est la fin. Alors que c'est exactement le contraire !

Ce qui était considéré comme mauvais jusqu'ici comme, par exemple, une circulation hypodynamique dans la phase de guérison, est jugé bon en considérant la loi d'airain du cancer qui, elle, tient compte de la dualité du système nerveux autonome.

La plupart des patients qui se trouvent en profonde vagotonie sont, aujourd'hui encore, « lysés » (dissous) à la morphine, parce que le cas est toujours considéré comme désespéré.

Dans le cas des cancers des os (dévalorisation de soi), cette phase coïncide aussi avec celle des plus vives douleurs, présumées osseuses. En réalité, l'os qui, pendant la phase de guérison, se recalcifie et se trouve fortement oedématisé, ne fait pas mal du tout. Ce qui provoque la douleur c'est l'extension du périoste, membrane fibreuse hypersensible qui recouvre l'os et que l'oedème osseux de guérison gonfle comme un ballon.

| Dès que le conflit est résolu, le cancer ne progresse plus.

Complications

Au cours de la phase réparative du foyer de Hamer, toutes sortes de complications cérébrales peuvent se produire, en fonction de la localisation de l'oedème dans le cerveau.

Les plus anodines proviennent de ce que le docteur HAMER appelle la crise épileptique ou épileptoïde.

Cette crise est parfois accompagnée d'étourdissements, de vertiges, de céphalées, de nausées, de crampes, de diplopie (perception de deux images d'un même objet).

Les foyers de Hamer au cortex peuvent déclencher des crampes, des contractions musculaires, des morsures de la langue, de l'écume à la bouche.

Les complications plus importantes provoquées par l'oedème sont l'infarctus, le dysfonctionnement du centre du rythme cardiaque et les paralysies.

Mettre, dit le docteur HAMER, comme on le fait toujours aujourd'hui, sous perfusion un patient atteint d'un infarctus du myocarde est extrêmement dangereux à cause du risque que représente tout excès de liquide pendant la phase d'oedématisation du foyer de Hamer au lobe temporal droit (conflit de territoire résolu), là ou se trouve la commande du coeur.

Le docteur HAMER a remarqué que l'infarctus est mortel lorsque le conflit a duré plus de neuf mois.

J'en ai pour preuve un exemple familial.
Mon frère a été assassiné en juillet 1986. Mon père n'a pas pu accepter cette situation. Nous avions tous pensé qu'il avait réussi à accepter cette mort; il s'agissait d'un homme dur envers lui-même, qui ne se plaignait jamais et plaisantait tout le temps.

Un peu avant la fête des pères, je l'avais invité à dîner au restaurant. Nous avions eu une discussion et un contact que je n'avais jamais connu avec lui auparavant.

Le lendemain, j'appris que mon père avait été très content et qu'elle l'avait rarement vu aussi détendu.

Quinze jours plus tard, en pleine sieste (vagotonie du sommeil profond), il s'effondra, foudroyé par un infarctus violent. Juste avant, il avait ramassé pendant trois heures des pommes de terre dans le jardin familial. Le fait de s'être penché, la tête vers le bas, avait, dans son cas, encore accentué l'irrigation de l'oedème.

Arrêt du cancer

Le cancer s'arrête de progresser à l'instant même où le conflit est résolu.

Il y a inversion des trois composantes qui, au moment du DHS, ont déclenché le cancer.

1. La rupture de champ au cerveau est réparée par la formation d'un oedème péri et intrafocal;

2. La tumeur cesse de progresser (carcinostase), se répare (oedème péritumoral, ascite, épanchement pleural, etc.), est enkystée, transformée ou éjectée;

3. Du fait de l'inversion nerveuse, c'est-à-dire du passage en vagotonie, l'organisme tout entier amorce une longue phase de récréation. Cette fatigue, cette lassitude typique de la vagotonie, peut induire en erreur le médecin qui concluera à une dégradation de l'état général du patient.

Pendant la phase de formation et de régression de l'oedème cérébral qui suit la résolution du conflit (oedème qui est pris actuellement pour une tumeur au cerveau), il convient impérativement, afin d'éviter les complications mentionnées, de demander au patient de s'abstenir de tout alcool, y compris la bière et le vin, de consommation exagérée de liquide, et d'éviter toute chaleur sur la tête (soleil, douche, permanente avec casque, etc.).

Dans certains cas où il y a manifestement des symptômes désagréables, il convient de placer un sac de glace sur la tête (intercaler une serviette) et de boire de temps en temps une tasse de café bien fort.

Dans les complications plus graves, la cortisone devra être utilisée judicieusement.

Tumeurs cérébrales

Si, après les complications dues à l'oedème, on effectue un scanner du cerveau et que l'on décèle les fameux foyers de Hamer, surtout si l'oedème périfocal est bien circonscrit et ressort bien aux produits de contraste, le neuroradiologue attribuera les symptômes à une ou plusieurs tumeurs cérébrales. Une façon de vous annoncer que vous êtes condamné, alors que l'on sait pourtant que les neurones matures (10 % des cellules du cerveau) ont perdu, le jour de votre naissance, la capacité de se diviser.

Ce sont les cellules gliales (90 % des cellules du cerveau) qui se multiplient. La glie forme le tissu conjonctif de soutien du système nerveux, autrement dit, le ciment du cerveau.

De nombreux patients ont payé cher cette erreur qui continue à être enseignée.

Laissez-vous extirper ces foyers et vous êtes mutilés et estropiés à vie.

Chers amis lecteurs, votre responsabilité, après avoir lu ce livre, est de le faire circuler et d'apporter cette connaissance aux autres.

D'après l'expérience du docteur HAMER, plus de 90 % des cancers peuvent être guéris si l'on tient compte de ses découvertes.

Note à l'attention de ceux qui travaillent dans le secteur de la santé. (Extrait de *Fondement d'une Médecine nouvelle*, tome I, première partie, page 218) (26).

Il est incontestable que la glie se compose :

a)   de macroglie et
b)   de microglie

On présume aujourd'hui que la microglie est formée par la moelle osseuse et est très apparentée — sinon identique — aux monocytes. Elle est donc en tout cas dérivée du mésoderme...

La macroglie se compose d'astrocytes et d'oligodendrocytes. Dans le cerveau, les astrocytes forment essentiellement les cicatrices, tandis que les oligodendrocytes exercent en quelque sorte la fonction des gaines de Schwann, c'est-à-dire entourent et isolent les cellules nerveuses.

Il convient d'abord de bien retenir que les neurones ne peuvent plus se diviser ou proliférer après la naissance. De sorte que, par définition, il n'y a pas de tumeurs cérébrales au sens de carcinomes.

La seule chose qui puisse proliférer, c'est la glie. Par conséquent, on ne peut parler, à vrai dire, que de cicatrices cérébrales faites de tissu conjonctif ou de « chéloïdes gliales ».

La découverte du docteur Hamer vérifiée à l'Université de Vienne (Autriche).

Après avoir constaté la guérison spectaculaire de son père atteint d'un cancer, abandonné par la médecine classique, et guéri par la méthode du docteur HAMER, le 9 décembre 1988, le « pape » de la cancérologie autrichienne, le professeur Jörg BIRKMAYER (docteur en chimie et docteur en médecine, titulaire de la chaire universitaire de médecine chimique, spécialiste de médecine de laboratoire et chef du laboratoire médico-chimique de l'université de Vienne) a procédé, conjointement avec quatre médecins, à la vérification de la **loi d'airain du cancer** découverte en 1981 par le docteur Ryke Geert HAMER.

L'examen avait pour objectif de déterminer si l'ensemble des protocoles et observations médicales, les processus, phases et déroulements des maladies des patients atteints de cancer, sclérose en plaques ou équivalents du cancer (Morbus Crohn, etc.) vérifiaient nettement et sans ambiguïté **la loi d'airain du cancer.**

Le protocole signé le 9 décembre 1988 par le professeur BIRKMAYER et quatre médecins atteste à 100 % la reproductibilité de **la loi d'airain du cancer**, qui répond aujourd'hui aux critères scientifiques.

La vérification a été effectuée à trois niveaux, soit au niveau psychique, par l'anamnèse des conflits des patients, au niveau cérébral, où la démonstration a pu être faite à l'aide des scanners cérébraux, et au niveau organique, grâce à la présence des radiographies et des résultats cliniques.

Je tiens ici à remercier personnellement le professeur BIRKMAYER, le seul cancérologue à avoir osé bousculer la conspiration du silence qui bloquait systématiquement, depuis huit ans une découverte capitale, dont dépend le salut de millions de cancéreux dans le monde entier.

Médecine préventive

Jamais autant, par le passé, l'homme ne s'est intéressé à la prévention. Aujourd'hui, les médias nous apprennent que nous devons être très attentifs à nos réactions physiologiques.

Je suis pour la prévention, mais pas pour n'importe laquelle; je suis pour une prévention saine, qui respecte l'être humain dans sa globalité, c'est-à-dire qui respecte et tient compte de l'aspect psychique et physique de l'individu.
Avec les examens de dépistage, on décèle de plus en plus tôt les cancers, mais quels cancers ? Des cancers dans leur phase active ou des cancers dans leur phase de guérison ?

Admettons, mesdames, que suite à une lecture ou à une émission de radio ou de télévision, vous appreniez l'importance de vous palper les seins. Admettons encore que, soudain, en vous palpant, vous constatiez une grosseur. Vous allez vous inquiéter. Deux réactions peuvent se présenter.

Vous en parlez à votre mari ou à une autre personne qui vous conseille d'aller consulter un médecin en vous disant : « On ne sait jamais ! »

Ou bien vous décidez de garder cela pour vous. Vous hésitez, vous avez peur, vous ne savez que faire pour bien faire. Est-ce un cancer, est-ce bénin ou malin ?

Cette réaction, vous le comprenez à présent, est dangereuse. Il ne faut jamais rien garder pour soi, ne jamais vivre une peur ou un conflit important dans l'isolement. De même, si vous en parlez à votre mari ou à une autre personne en qui vous avez confiance et qu'il vous réponde : « C'est ton corps, tu décides, moi je ne prends, dans cette situation, aucune responsabilité ».

Cela revient, en fait, à continuer à vivre le conflit de façon isolée.

Admettons maintenant que vous alliez consulter votre médecin qui vous demande de voir un spécialiste. Ce dernier trouvera peut-être une tumeur bénigne, mais s'il trouve une tumeur maligne et qu'il vous annonce un cancer, il y a le risque que vous paniquiez, que vous vous sentiez anéantie, que vous envisagiez la mort.

Vous allez vivre dans cet état de conflit de panique pendant plusieurs jours peut-être, jusqu'à ce que l'on envisage l'ablation du sein.

La panique est un nouveau conflit, qui va provoquer un cancer des ganglions lymphatiques; c'est la raison pour laquelle la plupart du temps, lors de l'ablation du sein, on enlève les ganglions du bras.

La peur de l'opération, du cancer, de la chimiothérapie, de la mort, de la souffrance peut provoquer plusieurs taches rondes aux poumons.

Après l'opération, si vous vous sentez dévalorisées, diminuées, vous allez créer un cancer des os du côté du cancer du sein, le plus souvent c'est l'humérus qui sera touché. Là encore, le diagnostic sera « métastases osseuses » et ne tiendra pas compte de la coloration psychique « dévalorisation ».

Et si, malgré toutes ces colorations pessimistes, vous arriviez à résoudre vos conflits de peur et de dévalorisation et que vous vous plaigniez ensuite de fortes douleurs et de fatigue, le diagnostic n'en serait que plus alarmant. N'allez pas, surtout, vous plaindre de douleurs dans la tête ou de troubles locomoteurs, car si l'on vous fait un scanner du cerveau, vous serez considérées comme condamnées, car l'oedème (il y a formation d'un oedème lorsque le conflit est résolu) sera diagnostiqué comme tumeur au cerveau !

Soyons un peu plus optimistes et souhaitons que vous ayez pu prendre connaissance de la **loi d'airain du cancer**. Vous allez essayer de retrouver le conflit responsable du cancer du sein. Vous serez peut-être surprises de découvrir que le conflit est vieux de plusieurs années et que ce que vous avez découvert à la palpation est la trace, l'empreinte enkystée, de cet ancien conflit.

Il n'y avait pas à en avoir peur; d'ailleurs vous vous rappelez qu'un peu avant que vous ne découvriez cette grosseur, vous vous sentiez bien, vous dormiez bien, vous aviez les mains bien chaudes, signe évident que vous vous trouviez en normotonie (le cycle diurne/nocturne de la vie naturelle) et que c'est seulement depuis la découverte de cette boule suspecte, et des différents diagnostics pessimistes des médecins, que vous avez commencé à perdre du poids, à ne plus dormir et à avoir les mains glacées.

Très souvent, des patients viennent me trouver après avoir été opérés ou après avoir subi de nombreuses séances de chimiothérapie. Après l'anamnèse (ensemble des renseignements recueillis au cours de la consultation), le seul conflit rencontré remonte bien souvent à plusieurs années et avait été résolu entre-temps.

Il peut arriver, indépendamment du dépistage, que vous vous cogniez le sein par hasard et qu'en vous massant (ou en prenant un bain), vous découvriez une grosseur ou une induration suspecte. Soyez alors attentives à ne pas vous inquiéter inutilement; vérifiez si, dernièrement, vous avez connu l'un des conflits responsables d'un cancer dans cet organe. Dans l'affirmative, vérifiez s'il est résolu. Si le conflit est ancien et a été résolu, il n'y a pas lieu de s'inquiéter.

Le cancer peut être facilement apprivoisé à partir du moment où vous connaissez les règles qui le régissent.

D'autres possibilités...

Je me suis un jour demandé pourquoi certains malades cancéreux avaient guéri du cancer par des techniques très souvent différentes, telles que le jogging, le jeûne, les cures de jus, le végétarisme, le rire, en changeant de milieu professionnel, en adoptant un enfant, etc.
Le seul dénominateur commun que j'avais découvert était la motivation de la conscience dans une direction, peu importait la forme.

En changeant de tuteur, ces malades avaient cessé de penser à leurs conflits. Motivés qu'ils étaient par leur courage et leur foi, ils laissaient aussi leurs peurs de côté. Ceux qui ont pu, ainsi, se raccrocher et s'investir dans une nouvelle orientation ont guéri.

Peu importe donc la forme, du moment que cela mobilise tout l'individu et l'empêche d'être envoûté par son ou ses conflits.

Je me suis aussi posé les questions suivantes : pourquoi a-t-on rarement trouvé de cancer dans les camps de concentration et pourquoi la plupart de ceux qui l'avaient en y entrant en ont-ils guéri ?

Là encore, celui qui a un conflit aigu avec, par exemple, son patron, son épouse ou son enfant, etc., le laisse, lors de son incarcération, au second plan. Le conflit aigu cesse immédiatement ou reste en suspens et il guérit de son cancer. Mais, lors de sa libération, il risque de retrouver le conflit et il fera une récidive.

Dans son livre *L'origine des Cancers* (42), le docteur MOIROT écrit, page 83 : « Tous les cancéreux des camps de concentration allemands guérirent spontanément pendant leur détention sans qu'il leur fût prodigué aucun traitement et, de plus, aucun de ceux qui franchirent la porte du camp indemnes de cancer ne devint cancéreux pendant son emprisonnement.

« ... Ils sont punis d'une façon injuste. Un nombre important de personnes soumises à des contraintes collectives est généralement déculpabilisé jusqu'à un certain point, car la similitude des destins établit une analogie entre ces personnes...

« Il en résulte donc qu'étant « punis », les internés ne sont plus soumis à un quelconque processus d'autopunition susceptible d'être somatisé... »

Ce que je dis confirme, à mon sens, le fait que certains déportés ont fait des cancers après leur sortie du camp. »

Le dénominateur commun de la guérison est la motivation active.

Quelques exemples de conflits

Homme soixante-sept ans. Néoplasie lobe supérieur poumon droit. Epithélioma. Carcinome épidermique peu différencié.

Il tousse depuis plusieurs années. En février 1988, on diagnostique une ancienne pneumonie déclarée après son emprisonnement à Dachau.

En août 1988, suite à une aggravation de la toux, on décèle un cancer au poumon droit.

Anamnèse : novembre 1980. La police se présente pour perquisitionner dans la chambre de son fils aîné. Elle y découvre de la drogue. Le fils est interné pendant six mois.

Le père est abattu : « Je ne comprends pas comment il en

est arrivé à faire ça, je lui apprenais mon métier. Tout se passait bien entre nous et voilà que tout s'écroule. Ce qui m'obsédait, ce n'était pas ce que les voisins allaient penser, mais la question : pourquoi avait-il fait ça ? »

Après la sortie de prison en mars 1981, le père est soulagé, mais le conflit reste en balance. Il préfère ne plus voir son fils car, chaque fois qu'il le revoit, il repense encore : « Pourquoi a-t-il fait ça, alors qu'il avait un avenir assuré ? »

A chaque rencontre, il y a un nouveau DHS qui réactive l'ancien conflit de territoire indirect.

En juillet 1988, il prend des vacances. Il comprend qu'il a fait ce qu'il pouvait pour son fils et qu'il doit maintenant profiter le plus possible de sa pension. Il ressent alors un grand soulagement et passe des vacances agréables.

Les derniers examens sont excellents et le patient se sent en pleine forme.

Femme trente-cinq ans. Pas de cancer décelable.

Fermentations intestinales. Elimination rénale défaillante. Nausées (foie). Acide urique dans les articulations des mains. Kyste ovaire droit.

Anamnèse : son partenaire a eu un grave accident et la voiture s'est immobilisée en porte à faux au bord d'un précipice qui surplombe la mer.

Elle a rêvé et repensé à cette situation pendant plusieurs jours. Elle voyait son ami être précipité dans le gouffre alors qu'elle essayait de le retenir. Ovaire (conflit de perte) et mains (retenir sa chute) + reins (conflit avec un liquide).

Quelques semaines plus tard, elle apprend qu'il l'a trompée. Elle en est dégoûtée et pleine de haine (intestins et foie). Avec ce nouveau conflit, elle cesse de rêver à l'accident. Après l'explication et la compréhension de ce qui a entraîné ses problèmes de santé, très vite elle se fait une raison : « Je ne vais pas me créer un cancer, il n'en vaut pas la peine. » Tous les conflits disparaissent et, avec eux, tous les symptômes désagréables.

Femme cinquante-quatre ans. Cancer du rein gauche (hypernéphrome). Taches rondes au poumon. Pleurésie néoplasique (tout le poumon est voilé).

Anamnèse : se porte bien au moment où elle se rend au dépistage. Lors de sa visite, on décide d'approfondir les examens et on découvre un cancer au rein gauche et des taches au poumon droit.

En 1980, alors que la patiente se trouve en vacances en France aux Sables-d'Olonne, elle manque d'être emportée par une vague. Elle ne savait pas nager. Pendant plusieurs jours, elle reverra cette situation, puis cela diminuera progressivement.

A ce moment-là, sans que la patiente s'en aperçoive, elle a déjà fait un cancer du rein (conflit avec un liquide) et des taches rondes au poumon (conflit de peur d'être emportée par la vague et d'en mourir).

Malheureusement pour elle, l'examen de dépistage va découvrir ses anciens cancers et l'angoisse et l'anxiété dues au diagnostic vont l'empêcher de dormir. Les taches au poumon vont grossir.

Après l'entretien avec la patiente en avril 1988, les mains, qui étaient glacées avant la consultation, sont redevenues chaudes. Elle se détend et le corps entre dans la phase de vagotonie. Ce que j'ignorais c'est que la patiente, à cause de la fatigue, ne peut plus s'occuper de son ménage. Elle se sent dévalorisée car elle ne sait plus rien faire, elle pense par moments qu'elle est une charge pour son mari et que peut-être il pense à l'abandonner.

Je ne reverrai la patiente qu'en juillet 1988. Les mains sont froides. Je demande à son mari d'essayer de la convaincre qu'il ne pense pas un seul moment à l'abandonner. Plus tard, elle dit se plaindre de douleurs au bas du dos (dévalorisation). Elle ne mange plus, ne dort plus, a terriblement peur et demande sans cesse à son mari d'être près d'elle.

Pour calmer la douleur, elle réclame constamment de la morphine (cette substance déconnecte le cerveau du corps et empêche la guérison).

J'ai appris, plus tard, qu'elle était décédée en octobre 1988.

Femme quarante-quatre ans. Ablation sein gauche et ganglions en 1981. En 1983, deux boules suspectes apparaissent sur le thorax. Rapidement elles s'ouvrent et deviennent une plaie béante. Juillet 1988, tumeur au cervelet. Août 1988, mal aux jambes et au dos.

Anamnèse : 1976. Son amie est enceinte et la patiente est triste de ne plus pouvoir l'être. Une autre amie, entretemps, avorte. Par un conflit d'identification, elle va provoquer le cancer du sein gauche. Son mari est fort autoritaire et il refuse à sa femme le droit d'être triste. Elle vivra donc cette identification dans la solitude.

En 1981, par hasard, elle reçoit un coup de genou sur la poitrine et l'on découvre, près de l'hématome, le cancer du sein gauche. La patiente est persuadée que c'est le coup de genou qui a provoqué le cancer.

Quelques jours plus tard, il y a envahissement des ganglions (conflit de peur).

En 1983, conflit de souillure concernant la partie du corps qui a été diminuée et apparition des boules suspectes.

Elle arrivera lentement à résoudre ce conflit de souillure et progressivement la plaie se cicatrisera.

Juillet 1988. Tout va bien, mais elle se sent très fatiguée. Découverte du foyer de Hamer au cervelet (localisation du conflit responsable du cancer du sein gauche), que l'on prend pour une tumeur.

Août 1988, la patiente se plaint de douleurs aux jambes et au dos.

Il y a plusieurs semaines, elle a eu un accident de voiture et elle pense que les douleurs proviennent de ce dernier. Le scanner indique un foyer de Hamer en voie de guérison correspondant aux jambes.

Les causes de l'accident sont les suivantes : devant elle, un automobiliste freine brusquement et elle ne peut éviter l'obstacle imprévisible. De retour chez elle, son mari, qui a l'habitude de l'humilier, entre dans une rage folle et la traite d'incapable. Pour comble, il remarque que son épouse, qui avait reconduit le chauffeur dont la voiture était sinistrée, avait laissé ce dernier remplir la déclaration et qu'il en avait profité pour le faire à son avantage.

Mon mari, disait-elle, m'a ainsi humiliée pendant des jours et je ne pouvais pas me défendre.

Il n'y avait pas encore de diagnostic pour confirmer si un cancer des os, lié à la dévalorisation des jambes qui n'avaient pu empêcher la collision, existait. Rappelons-nous les douleurs récentes aux jambes et au dos. Si les médecins découvraient cela, ils feraient comprendre à la patiente que les métastases étaient en train d'envahir les os. Ce conflit avec l'accident étant terminé, il y a donc une recalcification qui tend le périoste et provoque les douleurs.

Femme vingt-neuf ans. Mars 1988. Depuis six mois, une gynécologue la soigne pour une infection urinaire. Ne pouvant enrayer celle-ci, elle décide d'ausculter plus soigneusement sa patiente et trouve un kyste à l'ovaire droit. Après l'opération, on lui dit que ce serait cancéreux et qu'il serait préférable d'enlever l'utérus et l'autre ovaire.

Avril 1988, on procède à l'ablation.

D'autres examens permettront plus tard de découvrir un cancer des intestins et du péritoine.

Anamnèse : 1981, elle rencontre un homme qui venait de se séparer de son épouse. Cette dernière est jalouse et se met toujours entre eux pour bloquer leurs projets. La patiente n'arrive pas à l'accepter.

Comme lui ne prend aucune position, elle décide de le quitter. Il retourne vers sa femme.

Pendant plusieurs années, elle n'arrête pas de penser à cet homme.

En 1987, elle le revoit et ils refont des projets. Elle veut un enfant de lui, mais lui n'en veut plus car il a déjà deux enfants de sa première femme.

On découvre ici, immédiatement, la perte (ovaire) d'une personne aimée que l'on n'arrive pas à oublier, mais aussi les perturbations ressenties comme « dégoûtantes » (intestins) provoquées par une femme jalouse. Enfin le conflit de ne pouvoir être enceinte, qui touche cette fois l'utérus.

CHAPITRE IV

L'esprit comme outil de guérison

Dans ce chapitre, essayons de mieux comprendre le pouvoir de l'esprit.

L'utilisation de l'esprit ne constitue pas un substitut à la médecine. Eu égard à la diversité des individus, chacune des méthodes, conventionnelles ou non, existantes aujourd'hui, peut donner satisfaction, mais aucune ne doit être considérée comme une méthode universelle.
Chacun s'en remettra à son jugement personnel pour décider quand l'autoguérison est indiquée et quand l'attention experte d'un spécialiste est préférable.

La méthode d'imagination active que j'emploie n'est qu'une autre possibilité, qui présente l'avantage de pouvoir être mise en pratique, dans de nombreux cas, par l'individu lui-même.

Le cerveau

La science reconnaît de plus en plus que tout est régi par le cerveau. Or le cerveau est contrôlé par un opérateur invisible : l'esprit.
Le cerveau fait actuellement l'objet d'études de plus en plus poussées et ses nombreuses possibilités n'ont pas encore été explorées (12, 48).

Le cerveau horizontal latéral

Les recherches sur les hémisphères cérébraux nous ont appris que nous possédions deux façons différentes et complémentaires de traiter l'information :
— un traitement linéaire qui procède par étapes successives pour analyser les éléments qui constituent la structure d'un ensemble : c'est la gestion de l'hémisphère gauche (HG).
— un traitement spatial, relationnel, qui détecte et construit les structures globalement : c'est la gestion de l'hémisphère droit (HD).

Par exemple, écrire met en jeu l'HG mais, pour écrire, il convient d'imaginer, de se représenter des événements, ce qui relève de l'HD. Certains groupes d'individus ont tendance à utiliser plus souvent un hémisphère qu'un autre; l'HG pour les techniciens, l'HD pour les commerciaux.

Nous possédons tous un passé pédagogique qui a privilégié l'approche analytique et linéaire. Pourtant, de grands inventeurs, novateurs et créateurs ont fait leurs découvertes les plus importantes grâce à la région intuitive et créatrice de l'HD.

Pour eux, l'imagerie intérieure, le rêve et la métaphore (qui consiste à voir le lien entre deux choses dissemblables) semblent être le mécanisme par lequel la conscience verbale s'empare de ce que crée la pensée non verbale.

Einstein ne craignait pas de dire que l'imagination était plus importante que la connaissance.

Le grand physicien et chimiste Faraday allait jusqu'à déclarer : « Si vous saviez comment j'ai fait mes découvertes, vous me prendriez pour un fou. »

Tesla (savant yougoslave) avait l'habitude de visualiser en détail le mécanisme ou l'appareil qu'il souhaitait créer et de le laisser ainsi fonctionner tout un temps en imagination. Il arrivait à découvrir, avant de construire le prototype, les défauts à corriger.

Il y a quelques mois, à la sortie de Bruxelles, un camion se coinça sous un pont. Le conducteur, la police de la route et les ingénieurs des Ponts et Chaussées envisageaient, pour libérer le camion, de découper le haut de celui-ci au chalumeau, quand, parmi les badauds, un enfant suggéra : « Pourquoi ne pas dégonfler les pneus ? »

Si nous voulons vraiment devenir efficaces, nous devons apprendre à utiliser tout le cerveau.

Il s'agit, que les approches soient pédagogiques, artistiques ou scientifiques, d'apprendre à utiliser le cerveau de façon holistique, autrement dit globale.

Le cerveau vertical

En plus de la latéralisation des hémisphères qui, elle, est horizontale, il existe une disposition verticale du cerveau. Cette partie du cerveau est constituée du cerveau inférieur primitif ou cerveau reptilien, du cerveau limbique ou cerveau viscéral (paléomammifère) et du cerveau supérieur ou cortex (néomammifère). Ces trois cerveaux correspondent aux niveaux d'évolution des espèces.

Le cerveau primitif est le siège des instincts anciens, il agit selon des schémas rigides et stéréotypés. C'est le lieu de la routine et des gestes automatiques.

Le cerveau limbique se trouve entre l'enfer (le reptilien) et le ciel (le cortex), il est donc en rapport avec le néocortex et les formations cérébrales plus anciennes. Il a été également baptisé « cerveau viscéral » à cause de son étroite relation avec les pulsions et les émotions.

Le limbique agit comme un gardien, comme un filtre qui assure une sélection selon le plaisir, l'intérêt, la motivation, la réussite, etc.

Sans la médiation du système limbique, l'homme serait la victime de réactions automatiques instinctives provenant du cerveau reptilien. Le limbique est donc le médiateur entre nos centres d'appréciation (cortex) et nos instincts (reptilien). Il assume pour ainsi dire le rôle de gardien entre les mondes conscient et inconscient.

Il est également le siège des états de conscience élargis, de la mémoire, de l'apprentissage, de l'imagination créatrice et de l'illumination.

Le biologiste Jean BROWN pense que le rôle cognitif (faculté de connaissance) du système limbique est la production d'images.

Puisque le limbique est le siège de l'apprentissage, si nous voulons avoir une transformation profonde, nous devons le faire lorsqu'il n'y a pas le jugement du cortex. La visualisation ne doit donc pas être un acte lié à un raisonnement.

En état de relaxation normale, le limbique et le reptilien sont encore connectés au cortex et ce qu'ils expérimentent est donc analysé et court-circuité par lui.

En état de relaxation profonde, ces deux cerveaux se déconnectent du cortex et l'individu n'est plus conscient des stimulations provenant de l'extérieur. Il ne peut plus se juger.

Il est à retenir que les émotions déclenchées par des stimuli agissant sur le système limbique ne sont pas sous le contrôle du cortex. C'est ainsi que la peur, les frayeurs ne disparaissent pas par voie de raisonnement. La communication émotion/raison est à sens unique, elle va du limbique au cortex. Une forte émotion bloque toute réactivité des zones corticales.

Exemple : Ce n'est pas en raisonnant ou en punissant un enfant qui souffre d'énurésie que nous allons empêcher son pipi au lit. Cet acte est devenu une habitude et ne peut donc plus être sous le contrôle du cortex, donc de la volonté. Par contre, puisque la communication est possible du limbique vers le cortex, nous devons transférer l'acte inconscient dans le conscient. Dans la pratique, il faut donc agir inversement aux habitudes pédagogiques et demander à l'enfant, avant d'aller se coucher, d'uriner intentionnellement dans son lit. Après quelques « pipi » conscients, le programme qui était alors sous la dépendance de l'inconscient cesse rapidement.

Ce sont encore ces deux cerveaux qui dirigent la plupart des fonctions physiques du corps. Ils savent instinctivement comment faire fonctionner le système digestif, régler la pression sanguine, gouverner la température du corps et coordonner de nombreuses autres réactions.

Le cerveau horizontal antéro-postérieur

J'ai placé ce cerveau en dernier lieu car c'est celui dont on parle le moins aujourd'hui.

La plupart des individus privilégient l'utilisation de l'hémisphère gauche, dit hémisphère dominant, et la partie postérieure, c'est-à-dire arrière, du cerveau.

En face d'un conflit, d'un stress, nous nous cachons, pour ainsi dire, à l'arrière de notre cerveau.

Dans la partie postérieure du cerveau gauche existe une aire appelée CIA (Common Integrative Area). Cette aire correspond au mécanisme de survie du cortex, à la protection de l'image de soi, de l'ego. Cette région réagit en fonction de notre système de croyance et des apprentissages de notre passé (66).

Dans la partie antérieure existe une autre aire appelée CAT (Conscious Associational Thinking), que l'on retrouve cette fois dans les deux hémisphères. C'est l'aire du choix conscient, de l'ici et maintenant.

Le stress inhibe la communication entre les hémisphères gauche et droit et entre les parties antérieure et postérieure du cerveau.

En acceptant le stress, en le regardant en face, en le connaissant, en se concentrant dans le présent et non plus en réagissant avec des pulsions du passé, il est possible de vivre avec sa conscience dans la partie avant, dans la zone CAT du cerveau. Dans la zone CAT de l'HD, il est possible de trouver de nouvelles solutions, tout en voyant les événements en observateur.

C'est en vivant dans l'ici et maintenant que nous pouvons faire appel à toutes les facultés, à toutes les ressources du cerveau, et non pas en retombant dans d'anciennes stratégies périmées.

Nous allons voir que, grâce aux systèmes nerveux, le cerveau peut communiquer avec le corps.

Si nous voulons devenir vraiment efficaces, nous devons apprendre à connaître et à utiliser tout notre cerveau.

Les systèmes nerveux

Le système nerveux cérébro-spinal ou central

Ce système nerveux contrôle les actes conscients et certains autres mécanismes du corps, mais n'est pas l'objet de notre propos.

Le système nerveux végétatif ou autonome

Puisque le système nerveux central (SNC) est utilisé par le cerveau pour contrôler les actes conscients, il fallait un système nerveux, le végétatif, pour contrôler les actes inconscients du corps, c'est-à-dire l'activité indépendante de notre volonté.

Ce système nerveux végétatif est double. Il est d'une importance vitale pour régler le biorythme jour/nuit, c'est-à-dire la phase diurne (phase active) et la phase nocturne (phase de récupération). La phase de repos n'est pas sans être active puisqu'elle innerve des organes comme l'estomac, l'intestin, le foie et le pancréas.

Les deux sous-systèmes nerveux végétatifs peuvent être considérés comme complémentaires : le sympathique commande la tension, le combat, la défense, augmentant par exemple le rythme cardiaque. Le para-sympathique commande le repos, la détente, la relaxation, ralentissant par exemple le rythme cardiaque (25).

Ces deux sous-systèmes sont situés de part et d'autre de la colonne vertébrale.

Ainsi, l'organisme tout entier est dirigé par un conducteur invisible. Le jour, en fonction des inégalités du terrain, des dangers, des virages, des pentes ou des descentes, les deux sous-systèmes sont utilisés avec, toutefois, une prédominance du système nerveux sympathique. La nuit, le conducteur a enclenché le pilotage automatique et il roule au ralenti. Pour certaines personnes inquiètes, il y aura des moments de la nuit où, par manque de confiance, elles se réveilleront pour surveiller la conduite, ce qui provoquera l'utilisation du sympathique. Toutefois, la nuit, il y a une prédominance du système nerveux para-sympathique, appelée phase vagotonique.

Une personne qui est sans arrêt sous tension, sous stress, est comme un conducteur tendu au volant de sa voiture et qui n'a qu'une idée en tête : arriver le plus vite possible à destination sans s'arrêter en cours de route. Il force sur l'accélérateur. Il roule le jour et la nuit.
Si cette personne maintient constamment son organisme branché sur le sympathique, elle n'arrive plus à se détendre, à dormir. Sa sécrétion d'adrénaline et des autres hormones du stress est accrue; elle perd du poids jusqu'à ce qu'elle arrive enfin à destination, c'est-à-dire à résoudre le problème qui l'envoûte et l'obsède.

Nous sommes à même de comprendre maintenant que c'est le système nerveux végétatif qui dirige, avec l'aide des transformateurs que sont les ganglions, placés tout au long du réseau téléphonique, tous les organes et les cellules du corps.

L'imagination, un langage efficace

Nous savons aujourd'hui que l'imagination a un impact direct sur le cerveau limbique et notamment sur le système nerveux végétatif et endocrinien.

Nous savons aussi que l'organisme, pour fabriquer un système immunitaire efficace, utilise un système complexe dans lequel entrent en jeu, le système nerveux, le cerveau, le système lymphatique, ainsi que des glandes importantes telles le thymus, la rate, etc.

Des études ont montré que la chute des lymphocytes dans le sang des patients intervenait avant une intervention chirurgicale et non après : l'angoisse et la peur font chuter d'au moins 50 % le nombre des lymphocytes T (cellules tueuses défensives).

Si nous voulons donc maintenir un système immunitaire sans défaillance, il convient de nous libérer de toute tension, de toute peur, de toute dévalorisation, etc.

L'imagination renforce l'équilibre de notre système nerveux et hormonal en empêchant les événements stressants d'avoir un effet négatif sur notre organisme.

Le limbique et l'hémisphère droit du cerveau gèrent la communication non verbale, l'imagination, la mémoire et l'émotion. Si nous voulons communiquer aux organes et aux cellules de notre corps, nous devons apprendre à communiquer dans le langage compris par ces différentes parties du cerveau.

Le corps, de l'esprit condensé

Il n'y a pas une seule maladie que nous n'ayons d'abord nous-mêmes construite dans notre mental.

Cette affirmation est de plus en plus reconnue par les défenseurs de la médecine holistique (13).

Par ailleurs, pour certains physiciens modernes, le monde serait une pensée cristallisée, la matière, de l'esprit condensé (de quoi affoler nos grands-parents !) (10,11).

Il serait donc possible, avec notre esprit, de communiquer avec l'esprit des cellules du corps.

La guérison est possible si nous la désirons de toutes nos forces car, comme l'écrivait un ami, Manuel RODRIGUEZ, dans un article intitulé « Vouloir guérir »* : « Ce n'est pas la santé, c'est la volonté d'être en bonne santé qui est difficile à atteindre. Certains, malheureusement, n'acquièrent cette volonté que lorsqu'ils sont touchés par la maladie. »

Dans le livre *Le Guerrier pacifique*, de Dan MILLMAN (41), nous lisons : « La conscience n'est pas dans le corps; en fait, c'est le corps qui est dans la conscience. »

Il est donc inutile de soigner uniquement un corps malade tant que la conscience qui contient le corps n'est pas rééquilibrée.

Et qui peut rééquilibrer la conscience si ce n'est elle-même ?

Le docteur William A. MAC GAREY, dans son livre *Les Remèdes d'Edgar Cayce* (38), écrit : « La maladie n'existe pas à l'extérieur du corps. Les microbes, c'est-à-dire les bactéries et virus, ont une réalité hors du corps humain, mais les maladies qu'ils déclenchent sont seulement potentielles. Et tous les soi disant agents pathogènes ne créent, en réalité, pas plus d'un pour cent des maladies. Car, à l'intérieur du corps, existent des défenses naturelles qui protègent la plupart du temps celui-ci contre les micro-organismes pathogènes. »

Dans le même livre on peut lire, et là c'est Edgar CAYCE qui parle (l'un des plus grands guérisseurs et clairvoyants ayant existé) : « Car toute guérison, mentale et matérielle, consiste à brancher chaque atome du corps, chaque réflexe

---

*   Article paru dans « Propageons la santé », No 3, Juillet-août 1985. Revue bimestrielle de l'Amicale du docteur Bach.

du cerveau, sur la conscience du divin qui habite à l'intérieur de chaque cellule... Sache que toutes les forces de guérison sont à l'intérieur de toi, pas à l'extérieur ! Ce qui vient de l'extérieur n'est là que pour aider l'intérieur à créer une force mentale et spirituelle. »

Dans une autre partie du livre, on trouve un passage très intéressant sur la visualisation et la suggestion : « Mais si nous permettons à notre corps de se relaxer complètement (par exemple avec un fond de musique classique) et que nous visualisons une vallée ravagée par des tornades déchaînées, où la végétation n'a pas pu s'enraciner, nous commençons à parler le langage du système nerveux autonome. Nous pouvons alors dire à notre inconscient que notre estomac est comme cette pauvre vallée. L'inconscient pourra le comprendre et l'accepter.

« Ensuite, nous devrons visualiser le soleil réapparaissant, chassant les nuages : tandis que le calme revient sur la vallée, l'herbe recommence à pousser et la végétation reprend ses droits, guérissant la terre blessée. Ce genre de dialogue symbolique permet d'établir un pont entre le conscient et l'inconscient. »

Si la matière est de l'esprit condensé, il est normal de concevoir que l'esprit puisse agir sur elle.

Le monde : une image du cerveau

La conscience

Comment avons-nous conscience du monde dans lequel nous vivons ? (23).

Prenons par exemple un son. Nous savons que ce dernier est caractérisé par une fréquence vibratoire spécifique dont la vitesse de propagation a été mesurée à +/- 340 mètres à la seconde.

Le son se déplace d'une façon analogue à celle des ondes concentriques que l'on peut provoquer en laissant tomber une pierre dans un étang. Lorsque cette onde vibrante atteint notre oreille, elle est transmise à la zone du cerveau qui décode les vibrations sonores, puis est interprétée par la conscience. En effet, ce qui entre dans l'oreille n'est pas encore un son, mais une vibration qui est interprétée comme un son dans la conscience.

Si vous utilisez un sifflet spécial pour appeler votre chien, vous n'allez pas l'entendre, alors que votre fidèle ami, lui, va dresser les oreilles et vous rejoindre. Pour vous, la vibration émise par le sifflet n'est pas un son, car elle n'est pas interprétée comme un son par votre cerveau. Cela ne veut pas dire que cette vibration n'existe pas.

Chacun de nos sens est construit physiologiquement pour être sensible à une gamme vibratoire particulière. Nous pourrions comparer cela à la sélection d'un programme de radio ou de télévision.

Les ondes de radio ou de télévision invisibles et insonores qui se trouvent à l'endroit où vous lisez ce livre ne deviendront audibles et visibles que lorsqu'elles pourront être décodées par un appareil construit pour les réceptionner et réémettre ces ondes particulières.

Il peut y avoir en ce moment une information importante qui vous concerne; cette information est là, dans l'espace, autour de vous, et vous ne pouvez en prendre conscience.

Il en est de même pour les couleurs. Prenons, par exemple, les couleurs que vous pouvez voir sur cette page. Comprenez, par les explications qui ont précédé, que là, sur la feuille imprimée, la couleur du papier et la couleur de l'encre utilisée pour imprimer les caractères n'existent pas en tant que telles. Seules existent les vibrations des pigments qui, une fois décodées dans le récepteur-cerveau, vous donnent la conscience des caractères sur le papier blanc.

Les couleurs, sons, odeurs, goûts, objets que vous connaissez n'existent pas tels que vous les percevez. Seules exis-

tent les fréquences vibratoires spécifiques qui les caractérisent.

C'est dans le cerveau que se crée la réalité.
A l'extérieur de nous il n'y a qu'une masse, qu'un océan
vibratoire unique.
La partie de l'univers qui nous apparaît par l'intermédiaire de
nos cinq sens résulte des structures propres à notre cerveau
et à notre système nerveux. Cette organisation déterminée
est particulière à chaque espèce.

Il existe, en effet, un monde vu par l'être humain, tout
comme il existe un monde vu par la mouche, le poisson, le
chat, le chien, etc.

L'homme est en fait très limité, il ne peut prendre conscience, avec ses cinq sens, que d'une toute petite partie de
l'univers. Cette limitation augmente encore quand on sait que
même ce que sa conscience enregistre est interprété à travers
le filtre déformant du milieu social et génétique.

Nous avons tous une personnalité unique, que l'on pourrait
symboliser par un filtre coloré personnel au travers duquel
nous regardons le monde.

Personnalité

Monde intérieur   Monde extérieur

Vibration perçue }   { Vibration
de l'objet ou de   d'un objet ou
la situation   d'une situation

Le monde extérieur est donc perçu différemment par chacun de nous et notre biographie est aussi unique que le monde que nous percevons.

Nous pourrions résumer cela par l'aphorisme suivant: « Nous sommes les architectes de notre réalité. »

En novembre 1984, une conférence* scientifique importante avait eu lieu en Allemagne sur le thème des mécanismes moléculaires de la photoréception. Outre les explications très techniques concernant la transmission des grains de lumière au cortex par un mécanisme électrochimique, la rencontre se terminait par une affirmation étonnante: « C'est le cerveau qui "voit". L'oeil, lui, ne fait que convertir en impulsions électriques les informations reçues des vibrations électromagnétiques émises par l'environnement. A la limite, on peut se passer des yeux et voir avec son esprit. »

Ouvrons une nouvelle porte de notre compréhension. Observons une personne endormie en train de rêver. Nous pouvons percevoir que les globes oculaires sont en mouvement. Un encéphalogramme nous permettrait de mettre en évidence cette activité onirique sous forme de graphisme.

Pendant que nous observons le rêveur, nous pouvons croire qu'à cet instant précis il est conscient de ce qui se passe dans son rêve. Or, à partir du moment où nous « perdons » la conscience dans le sommeil, nous n'avons plus conscience, puisque la conscience objective nous a momentanément quittés.

C'est lors du rappel vers la frontière objective que le rêveur se rappellera son rêve. Dès le réveil, il saura que ce n'était qu'un rêve et non la réalité. Pourtant, pendant le sommeil paradoxal du rêve, ce qui est vécu fait partie de la réalité; le lion qui veut manger le rêveur est bien réel, à un point tel que le corps réagit par un changement hormonal, cardiaque, respiratoire, etc.*

---

*   Il s'agit de la « Dalhem Konferenz », patronnée par l'Association Allemande pour la Promotion des Sciences.

*   Il existe dans le cerveau une structure neuronale appelée « Locus Caeruleus » qui empêche le corps d'exprimer les actes du rêve. Un chat privée d'elle court après la souris qu'il voit en rêve.

Cela est possible uniquement parce que le cerveau et le système nerveux ne peuvent, à eux seuls, faire une distinction entre la réalité provenant de l'extérieur et une représentation provenant de l'intérieur. Dans les deux cas, il s'agit d'une réalité à laquelle il doit s'adapter ! Seuls les règnes supérieurs qui possèdent un néocortex peuvent connaître ou commencer à connaître l'individualisation. L'homme est le seul, dans les différents règnes de la nature, à être conscient de lui-même.

Dans l'état de sommeil avec rêve, il retrouve l'état de conscience de l'animal, et dans l'état de sommeil sans rêve, l'état de conscience du végétal.

En l'homme vit toute la nature environnante.

<u>Puisque le cerveau (limbique et archaïque) et le système nerveux de l'homme ne peuvent faire aucune différence entre ce qu'ils perçoivent avec leurs cinq sens et ce qu'ils se représentent, nous pouvons comprendre la puissance de l'esprit quand il utilise les représentations, ou ce que l'on appelle à tort, la visualisation ou l'imagerie mentale. Il ne s'agit pas uniquement de voir des images, mais d'utiliser une représentation la plus complète possible avec nos cinq sens intériorisés. Il s'agit donc plutôt de l'utilisation de l'imagination.</u>

Les représentations mentales

Pour que nous ayons une idée complète de l'endroit où nous nous trouvons, nous devons porter notre attention sur les vibrations autour de nous et ainsi en prendre conscience objectivement.

Si nous sommes sur la plage, nous devons orienter notre attention sur le bruit du vent et des vagues, sur ce que nous voyons et que nous rendons conscient (l'artiste verra, lui, plus de nuances), sur l'odeur de la marée, sur la sensation de chaleur provoquée par le soleil. Si nous avons pris un bain, peut-être pouvons-nous goûter en même temps l'eau salée.

Avec nos cinq sens, nous pouvons ainsi, si nous le désirons, créer une réalité la plus complète possible.

Pendant que vous lisez ceci, vous n'avez pas conscience du poids de votre corps sur le siège sur lequel vous êtes assis. A partir du moment où je vous en parle, vous en devenez conscient. Nous devons apprendre à devenir conscients car, si on observe les différents règnes qui existent dans la nature, on se rend compte qu'à partir du minéral tout tend vers l'acquisition d'une certaine forme de conscience de plus en plus évoluée. Utilisons donc nos potentialités et soyons conscients du pouvoir que nous possédons.

Maintenant, je suppose que vous n'êtes pas sur la plage et que vous avez dû créer une représentation d'un endroit au moment où je vous en ai parlé. Si vous ne l'avez pas fait, prenez un moment pour vous représenter toutes les sensations énoncées précédemment. Au moment où vous revivez ces sensations, il se forme en vous des représentations sensorielles identiques, suivant la qualité de votre imagination, à celles que vous aviez connues « réellement » à cet endroit.

De même que vous utilisez cette capacité que possède votre esprit de créer le monde à votre image, vous pouvez apprendre à vous créer une santé à votre image.

Votre état de santé est celui que vous vous représentez. Représentation qui inclut la totalité du cerveau.

Nous allons donc apprendre à dialoguer avec l'image, la représentation que nous avons de notre corps.

Le cerveau, le système nerveux et le corps ne peuvent faire une distinction entre une image de la réalité, c'est-à-dire provenant de l'extérieur, et une image provenant de l'intérieur, c'est-à-dire imaginée ou rêvée.
Dans les deux cas, il s'agit d'une image perçue comme une réalité.

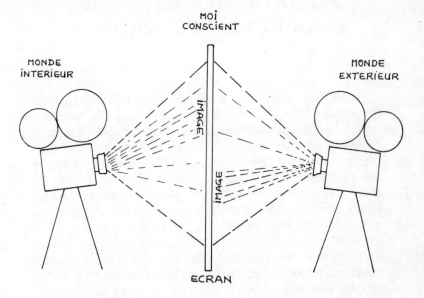

MOÏ
CONSCIENT

MONDE
INTÉRIEUR

MONDE
EXTÉRIEUR

IMAGE

IMAGE

ECRAN

Qu'il s'agisse des vibrations provenant du monde extérieur ou du monde intérieur, dans les deux cas il s'agit d'une image à laquelle l'individu doit s'adapter.

CHAPITRE V

La thérapeutique psycho-adjuvante du cancer

Il est important de découvrir la cause psychologique, professionnelle, familiale ou sociale qui a provoqué la maladie.

L'éducation judéo-chrétienne a fortement contribué au refoulement des sentiments, certains sujets étaient considérés comme tabous, et l'éducation culpabilisante qu'elle a apportée a essentiellement consisté à nous imposer comme but d'être autres que nous-mêmes. La plupart de nos conflits intérieurs viennent de ce malaise engendré par le mensonge que l'on se fait à soi-même de ne pas oser se voir tel que l'on est.

C'est la raison pour laquelle nous trouvons un énorme pourcentage de cancers dans les régions et les pays où les tabous sont encore respectés, bien souvent par peur du « qu'en dira-t-on », par obligation, plutôt que par conviction personnelle.

Les cancers du col de l'utérus diminuent rapidement depuis qu'avec la nouvelle génération, les tabous sexuels sont tombés. Par contre, ils sont encore en progression dans les pays du tiers monde où les moeurs en la matière se renforcent.

Le cancer du sein est en nette progression depuis l'éclatement des familles. Les jeunes quittent de plus en plus tôt leurs parents, les divorces deviennent de plus en plus fréquents.

Tant que nous sommes capables de diriger vers l'extérieur l'énergie destructrice, notre système de défense fonctionne sans trop de problèmes.

L'homme est physiologiquement programmé pour lutter ou fuir face aux agressions qu'il ne peut tolérer. Notre vie moderne nous empêche d'avoir ce choix et nous restons paralysés sur place. Il y a un conflit entre notre cerveau primitif de survie et notre cerveau conscient.

Si l'homme veut apprivoiser le cancer, il doit apprendre à devenir libre de l'influence des autres, des tabous, des règles strictes, qui le culpabilisent et aliènent son moi intérieur.
Il doit apprendre à vivre sans tuteur ou du moins, si cela ne lui est guère possible, acquérir le détachement ou vivre avec plusieurs tuteurs plutôt qu'un seul.

Nous avons vu que, lorsque la situation conflictuelle est vécue dans l'isolement psycho-affectif occasionné par le choc, la honte, les tabous, la jalousie, la rancune, la peur, etc., il y avait danger que le corps, en remplacement de ce « non-dit », ne le crie ou le hurle à mort.

Dans le livre *Le Guerrier pacifique* (41), de Dan MILLMAN, champion du monde sur trampoline, l'un des personnages, nommé Socrate, essaye de faire comprendre à Dan l'importance d'extérioriser ses émotions : « L'expression d'émotions devrait être totale et puissante, puis disparaître ensuite sans laisser de traces. Contrôler tes émotions consiste donc à les laisser s'exprimer et à les laisser se dissiper. »

Pour comprendre cette grande vérité, Socrate propose à Dan d'observer un bébé : « Lorsqu'un bébé n'est pas content, il pleure. Il ne se pose pas la question de savoir s'il devrait pleurer. Prends-le dans tes bras ou donne-lui à manger et, en quelques secondes, il cesse de pleurer. Si le bébé est en colère, il te le fait savoir clairement. Mais là aussi, il cesse très vite; peux-tu imaginer un bébé qui a des remords à cause de sa colère? Les bébés la laissent se manifester et se dissiper. Ils s'expriment totalement, puis se taisent. Les enfants sont de remarquables maîtres. Et ils montrent l'usage correct de l'énergie. Apprends-le et tu pourras transformer n'importe quelle habitude. »

Nous devons donc apprendre à extérioriser ce qui nous

hante et nous perturbe, au point de nous empêcher de dormir. Utilisons, une fois encore, une image. Vous êtes invité à un repas chez des amis et vous constatez que vous ne digérez pas. Vous êtes malade, votre corps a, soit envie d'évacuer ce qui le dérange par le haut en le vomissant, soit par le bas, par une diarrhée.

Admettons que, pour ne pas blesser vos amis, vous empêchiez votre corps d'éliminer cet aliment avarié. Il arrivera un moment où les spasmes (la communication du corps) seront tellement violents que vous ne pourrez vous retenir plus longtemps.

Transposons maintenant cette situation et modifions-la en imaginant que, cette fois, c'est une insulte que votre ami vous inflige devant tous les convives. Vous allez stoïquement encaisser l'affront sans réagir, vous allez garder cette pensée, cet aliment avarié et empoisonné, non plus cette fois dans votre estomac, comme dans la situation précédente, mais dans votre cerveau, dans votre psychisme.

A cet endroit, les spasmes vont également être violents, au point qu'une fois rentré chez vous, vous allez revivre et ressasser votre humiliation.

Si vous ne vomissez pas cet empoisonnement psychique, il y a bien des chances que, dans les jours ou les semaines qui viennent, selon l'importance que vous accordez à ce conflit, votre corps essaye de vous le faire savoir par des symptômes de communication désagréables.

Le mieux à faire alors est de vous isoler et de réimaginer la scène pour pouvoir littéralement « vomir » en paroles et en cris ce que vous n'avez pu dire en société.

Aujourd'hui, les pensées positives sont à la mode; je connais des patients qui ont utilisé des affirmations positives sans connaître leur mécanisme d'action et qui en ont été encore plus déséquilibrés et plus malades.

Il faut absolument vider le psychisme empoisonné par des pensées malsaines avant de pouvoir le remplir de pensées saines.

Reprenons notre exemple d'indigestion. Vous êtes là, auprès de vos amis, essayant courageusement de cacher votre état, lorsque la maîtresse de maison présente sur la table votre plat préféré. Mais la seule vue et la seule odeur de ce plat vous donnent la nausée. Vous essayez de vous raisonner, de vous dire que c'est votre plat préféré, mais votre corps, lui, vous parle un autre langage : il vous demande d'expulser, de vider d'abord ce qui le gêne et seulement, seulement alors vous pourrez goûter à ce plat qui vous fascine le palais.

Il en est pour les pensées positives comme pour ce plat alléchant. Il ne sert à rien et il est même dangereux de se forcer à faire entrer des pensées positives tant que vous ne vous videz pas de ce qui pollue votre esprit.

Ce que vous devez faire, c'est tout d'abord vous arrêter et imaginer la situation ou la personne qui a provoqué chez vous un trouble important et vomir, dire tout ce que vous n'avez pu dire, brutalement (quand votre corps rejette les aliments par l'oesophage, il ne le fait pas gentiment, les spasmes sont brutaux et douloureux).

Alors, pas de politesse, n'hésitez pas à aider la nature, en exagérant votre colère, votre mécontentement, votre tristesse, etc., tout comme vous pouvez aider votre corps à expulser plus rapidement l'aliment gênant en plaçant les doigts dans la bouche.

Continuez ainsi à vous vider, sans vous arrêter, jusqu'au moment où vous arrivez au fond et où vous ne trouvez plus rien à rejeter. Vous avez le sentiment d'en avoir dit assez, comme si ce qui était un peu plus tôt un soulagement devenait un effort.

A ce moment, et pas avant, vous arrêtez tout et vous remplacez vos pensées négatives, qui auront disparu, par des pensées et des émotions positives, par exemple, rire, siffler, chanter, jouer, etc.

L'extériorisation des sentiments doit absolument être faite. Pardonnez-vous ensuite ou pardonnez aux autres, selon la circonstance. Vous remarquerez alors que tout deviendra progressivement plus facile et que vous aurez l'impression de changer de peau.

J'ai remarqué qu'il était très rare de trouver un cancer chez les personnes qui tiennent un « journal intime » (49). La raison en est qu'elles vident leurs pensées, leurs émotions, sur le papier, opérant ainsi, sans le savoir, une catharsis, c'est-à-dire une purification, un accouchement de l'esprit.

Je vous invite donc à prendre l'habitude d'écrire régulièrement vos expériences de la journée. Décrivez cela en spectateur en utilisant la troisième personne du singulier. Comme un journaliste qui relate des faits dans un journal. En agissant de la sorte, vous utilisez la zone C.A.T. (conscious associational thinking) du cerveau antérieur et vous quittez le cerveau émotionnel.

Il est important de découvrir et d'extérioriser en actes et en paroles la cause qui est à l'origine du cancer. Seulement, et seulement après, vous pouvez utiliser les affirmations positives, le rire, l'amour, etc.

L'utilisation de l'imagination

L'imagination s'adresse plus particulièrement à l'hémisphère droit et au système limbique du cerveau. Elle est en relation avec le subconscient qui, lui, est en relation avec la conscience de l'univers.

D'après Edgar CAYCE, notre subconscient n'est pas séparé des autres subconscients et a accès à la mémoire universelle.

Le physicien Rupert SHELDRAKE évoque la notion de « champ morphogénétique » qui permet la circulation instantanée des informations, que ce soit sur le plan humain, animal, végétal ou minéral (58).

Le subconscient est un outil que nous n'avons utilisé que de manière inconsciente jusqu'à présent, mais aujourd'hui, on admet qu'il participe dans une large mesure à la concrétisation de nos désirs (3, 15).

Nous savons que dans la partie du cerveau qui est en relation avec le subconscient, le temps et l'espace n'existent pas et que tout ordre ou programme transmis devient réalité active.

C'est ainsi que, si vous étiez capable de dire dans le langage compris par cette partie du cerveau : « Coeur, arrête-toi », votre coeur s'arrêterait, cette partie du cerveau n'étant pas prévue pour analyser (c'est l'HG qui raisonne et pense qu'il pourrait y avoir un danger à faire cela). En effet, dans son univers, il n'y a pas la notion de dualité : c'est mal, c'est bien; il n'y a que l'action. Il y a l'action des lois programmées pendant la formation de l'embryon et qui régissent les différentes fonctions qui permettent au corps de se développer et de continuer à vivre et, d'autre part, celles que l'individu programme consciemment ou inconsciemment au cours de sa vie.

Vu du haut du cortex humain, il y a de bons programmes et de mauvais programmes, certains peuvent mettre en danger la vie de l'individu.

C'est la raison pour laquelle il n'est pas possible à un non-initié d'utiliser tous les pouvoirs qu'il possède. S'il avait accès à cette possibilité sans avoir d'abord transformé le négatif en positif, il lui suffirait d'avoir ne fût-ce qu'une pensée erronée à l'égard de son corps ou à l'encontre d'un autre pour le détruire immédiatement.

<u>Si nous voulons programmer notre santé, nous devons donc apprendre comment communiquer les ordres corrects qui devront être exécutés dans le corps.</u>

Pour la plupart, nous ne nous rendons pas compte de l'importance de l'imagination. Quand nous agissons, l'esprit imagine d'abord l'action et ordonne ensuite au corps le comportement à adopter. Si l'esprit ignore comment procéder, l'acte est irréalisable.

> Dans le cerveau « non verbal », le temps et l'espace n'existent pas. Tout ordre ou programme transmis devient réalité active.

Programme d'autoguérison

Pour que le cerveau puisse fonctionner convenablement, c'est-à-dire être dans l'état d'écoute de l'ordre et du programme à lui communiquer, il faut apprendre à ne plus faire de « bruit », c'est-à-dire ne plus le distraire.

Lorsque vous êtes en communication téléphonique avec un correspondant, vous vous placez dans un endroit et dans une position qui vont vous permettre une écoute attentive du message qu'il vous transmet. Il en est de même lorsque vous voulez communiquer un message important à votre cerveau.

Pour cela, il convient d'apprendre à se relaxer et à créer dans le cerveau, non plus des ondes « désynchronisées » (ondes bêta), que l'on utilise surtout à l'état de veille, mais de grandes ondes plus lentes, appelées ondes alpha qui, elles, ont une fréquence moyenne de 10,5 cycles/seconde.

Ensuite, pour que le message puisse être facilement transmis des neurones du cerveau vers les neurones du système nerveux, il faut créer des médiateurs chimiques, en particulier l'hormone acétylcholine*, qui est opposée à l'hormone du stress, l'adrénaline.

Pour ce faire, il suffit de se représenter des états agréables. Ensuite, et seulement alors, on peut utiliser la représentation du message à communiquer et à créer dans le corps. Il existe deux façons d'imaginer : soit celle de type réaliste (ce que l'on voit correspond à la réalité), soit celle de type symbolique.

---

*   L'acétylcholine ($C_7 H_{17} NO_3$) serait, d'après les travaux réalisés par Mc CARLEY et J. Allan HOBSON de Harvard, la molécule clé qui ouvre la porte des rêves.

Lorsqu'on utilise l'imagination réaliste, il convient de donner un ordre qui corresponde à la réalité vécue par le corps, il faut donc bien connaître le fonctionnement du corps pour l'utiliser. Dans ma pratique, j'ai remarqué qu'il y avait certains dangers à l'utiliser. Lorsque vous donnez un ordre réaliste précis, le cerveau l'accepte et le réalise tel quel, et si, par malheur, vous avez oublié un élément important qui concerne le processus de guérison, il sera manquant.

Par contre, si vous utilisez l'imagination symbolique, vous ne donnez pas d'ordre spécifique aussi précis et le subconscient peut avoir plus de liberté pour mener à bien l'acte de guérison, à condition, toutefois, de bien choisir le symbole.

Admettons que vous ayez du personnel sous vos ordres et que, sans arrêt, vous lui disiez en détail ce qu'il doit faire. Celui-ci va exécuter le travail comme vous l'avez voulu, sans essayer d'innover ou d'améliorer la situation existante. Mais si vous lui faites comprendre ce que vous souhaitez réaliser sans être trop directif, il ne va pas uniquement reproduire vos ordres, il va créer et apporter des changements constructifs.

Il en est de même pour le subconscient : donnez-lui le message, c'est-à-dire ce que vous voulez, sans être trop directif, et laissez-le s'occuper de trouver comment cela doit être fait pour vous apporter le changement souhaité.

Exemple : régime amaigrissant. Si on ne vise que le nombre de kilos à perdre, le résultat esthétique sera moins heureux que si on s'imagine avec un corps harmonieux.

Directif = 2 kilos en moins.

Non directif = obtenir un résultat harmonieux.

L'imagination symbolique

Lorsque nous utilisons cette technique de visualisation recommandée par SIMONTON, nous devons toujours avoir à l'esprit que l'ordre est transmis tel quel, sans analyse; donc, si vous employez un symbole inadéquat, vous pouvez mettre en danger votre vie.

Si, par exemple, la personne à qui on annonce qu'elle a une maladie grave représente celle-ci par un symbole aussi important que sa maladie, par exemple une haute montagne, elle vient de transmettre la communication suivante : « J'ai ou je veux (action) que ma maladie soit aussi dure, aussi haute et forte que cette montagne. » Maintenant, admettons qu'elle souhaite utiliser un symbole qui va représenter l'action de guérison à entreprendre et qu'elle visualise un homme avec un marteau pneumatique pour démolir la montagne ou même des explosions à la dynamite, elle dit : « C'est dur et difficile mais, à la longue, avec de la persévérance, j'arriverai à abattre cette montagne. »

A cette communication s'ajoute la notion de difficulté : pour guérir il faut un travail titanesque (percuteur pneumatique ou dynamite). Ce qui indique que la maladie (montagne) est une masse importante et difficile à détruire rapidement.

Et même si la personne disait : « D'accord, j'ai compris, je fais disparaître cette montagne avec une charge atomique », cela reviendrait à dire que, pour guérir, il lui faut des moyens exceptionnels.

Il est préférable de ne pas choisir le symbole de la maladie en fonction de la gravité de celle-ci. Il convient de ne jamais donner au symbole qui représente la maladie la moindre force, le moindre pouvoir. Il est préférable d'utiliser un symbole neutre. A éviter également l'utilisation des couleurs rouge et noire associées souvent à des émotions et des sentiments trop négatifs : le noir à la mort, le rouge au sang, au meurtre, à l'agressivité, etc. Dans le même ordre d'idées, ne pas utiliser des symboles comme le rat, le serpent, le scorpion, l'araignée, etc. Dans la plupart des cas, éviter aussi d'utiliser des scènes agressives ou des combats entre les cellules cancéreuses et les cellules tueuses du système de défense.

Quelques exemples :
Un homme visualisait son cancer comme un bateau et les mines qui le faisaient exploser symbolisaient le système de défense. Il expliquait que son bateau était tout neuf, tout brillant. Ce qu'il ne savait pas, c'est qu'en fait il disait : « Je veux un cancer tout beau, brillant, solide et neuf. »
De plus, il y avait un équipage sur le bateau et il était ennuyé de le tuer. Il disait donc : « J'ai un cancer tout neuf que je demande d'éliminer, MAIS il y a des "choses" dans mon cancer que je préférerais ne pas tuer. »
Je lui ai conseillé de voir plutôt un petit bateau faible, sans équipage et en train de couler.

Aux Etats-Unis, beaucoup de malades utilisaient des châteaux-forts pour symboliser leur cancer et des assaillants en grand nombre pour représenter leur système immunitaire.
Le message communiqué est : « J'ai un cancer qui ressemble à une forteresse. » Le plus grave, c'est que dans le château, il y avait des défenseurs, ce qui revenait à dire : « Mon cancer a un système de défense. »

Dans un autre exemple, une patiente avait décidé de se visualiser occupée à placer tous les objets inutiles et abîmés dans un grand sac poubelle.
Quand je lui demandai ce qu'elle faisait ensuite avec le sac, elle me répondit qu'elle le laissait dans sa cuisine. Ce qui revenait à dire qu'elle entassait quelque part dans son corps des choses qu'elle aurait dû normalement éliminer, mais qu'elle les laissait là, ne sachant quoi en faire.
Elle décida de transporter la poubelle à l'extérieur. Je lui demandai de me décrire comment elle s'y prenait. Pour y arriver, cela n'était guère facile; il fallait descendre de

nombreux escaliers, ce qui indiquait une notion de difficulté pour éliminer son cancer. Elle préféra alors jeter le
grand sac poubelle par la fenêtre, mais elle ne pensa pas à
voir le camion qui l'emportait.

Un autre visualisait son cancer comme un petit tas de
sable et la mer, venant balayer le sable, représentait son
système immunitaire.
Comme il n'y avait pas de grandes améliorations, après
bien des vérifications concernant la justesse de sa visualisation, j'en vins à prendre conscience de la distance.
En effet, entre lui et le tas de sable, il y avait plus de
trente mètres. Le message qu'il transmettait était donc :
« Je reste éloigné de mon cancer, j'en ai peur. » Quand je
lui demandai de s'approcher de son tas de sable, il n'y
arriva pas (ce qui confirma la peur). Je dus utiliser une
technique de recadrage pour qu'il puisse y parvenir.
Je lui demandai de regarder l'horizon et de me dire s'il
apercevait un bateau. Il vit en effet un navire, à droite. Je
lui suggérai de vérifier s'il pouvait s'avancer dans l'eau
tout en suivant du regard le bateau qui se déplaçait vers
sa gauche. Ce qu'il ignorait, c'est qu'en avançant dans
l'eau, avec comme seul repère le bateau à l'horizon, il
allait se déplacer en effectuant un arc de cercle.
Je lui ai demandé ensuite de surveiller l'horizon tout en
reculant vers la plage. Je lui suggérai, dès qu'il eut reculé
de quelques mètres, de se retourner et de regarder où se
trouvait le tas de sable. Il fut surpris de voir qu'il était
juste en face de lui. Il sentit soudain une vague le pousser
et, tout en avançant, il donna un coup de pied au tas de
sable. (Voir dessin p. 123.)

Dans ce cas, nous voyons apparaître un élément ne pouvant être contrôlé par le malade. Il s'agit souvent de blocages
inconscients qui surgissent spontanément dans ce genre de
communication.
Parfois, le patient arrivera à voir, pendant un bref instant,
un petit tas de sable, qui l'instant suivant se transforme, indé-

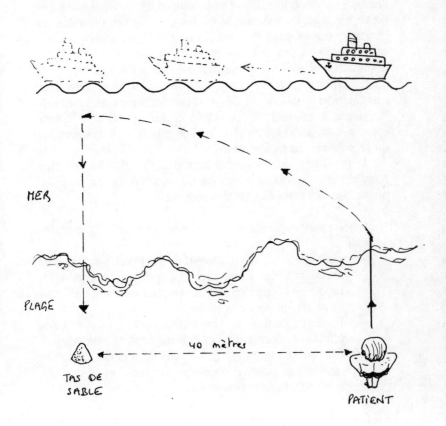

MER

PLAGE

TAS DE SABLE

40 mètres

PATIENT

pendamment de sa volonté, en un immense tas de sable. Cela indique qu'il ne croit pas pouvoir guérir de sa maladie. Autrement dit, il est persuadé que sa maladie est trop importante et trop grave pour qu'il puisse en venir à bout.

Il ne faut pas forcer le malade à utiliser sa volonté pour changer le symbole. Il faut absolument découvrir les causes de ce blocage, c'est-à-dire le ou les conflits responsables du cancer qui n'ont pas été résolus, ou utiliser des techniques de sophrologie ou des techniques psycho-adjuvantes pour aider le malade à réussir son programme de visualisation.

Certains patients ont voulu essayer d'utiliser, dans leur imagination symbolique, des forces cosmiques ou spirituelles. Dans la plupart des cas, leur communication à travers cette visualisation est : « Pour que je guérisse de cette maladie, il faudrait au moins un miracle. »

Je recommande souvent à mes patients d'utiliser le plus possible des symboles neutres ou des symboles positifs, plutôt que des symboles de destruction.

Voici encore quelques autres exemples utilisés par les patients :
— Une biche est prisonnière d'un filet placé par un braconnier. Celui-ci se précipite pour la libérer et il reçoit en récompense des caresses et des manifestations affectives de la biche.
— Il a travaillé dans un lavoir de laine et il montre à des étudiants comment laver la laine de ses impuretés.
— Elle écoute une symphonie qu'elle a écrite. Soudain une fausse note, elle corrige la partition et l'écoute cette fois avec ravissement.

Comme nous le voyons, il y a autant de symboles que de malades et, dans la mesure où il est important de bien se représenter le message symbolique, il est souvent plus facile d'imaginer des situations proches de ce que nous avons vécu, car nous pouvons alors utiliser presque la totalité de nos représentations sensorielles.

L'imagination des symboles maladie/guérison doit être de

courte durée, comme tous les exercices de ce genre, autrement la « folle du logis » nous distrait par ses artifices et ses mirages.

Si l'exercice des symboles maladie/guérison a duré cinq à dix secondes, il est terminé. Il ne faut pas le refaire sous prétexte que l'HG vous chuchote : « Mais avec cette maladie si grave, cinq secondes ne suffisent pas »

Rappelez-vous que dans cet univers du subconscient, le temps et l'espace n'existent pas. Si vous refaites l'exercice plusieurs fois de suite, vous dites : « Remettez-moi ma maladie, éliminez-la moi. S'il vous plaît, remettez-la-moi encore une fois et éliminez-la », etc.

Programme d'exercice

1. Se relaxer (voir l'annexe en fin de volume).
2. S'imaginer en train de vivre une situation agréable rencontrée dans le passé comme si on était en train de la vivre dans le présent. Ne pas oublier d'ajouter le plus de représentations sensorielles possibles (environ une minute).
3. Utiliser l'imagination symbolique maladie/guérison (quelques secondes).
4. S'imaginer en train de vivre une situation agréable que l'on souhaite réaliser dans un futur proche. Il faut que ce projet soit réalisable sans trop de difficultés ni stress supplémentaires (environ une minute).
5. Remercier son corps et se remercier aussi pour avoir ainsi participé à sa guérison.

Tout l'exercice, sauf la relaxation, ne doit pas prendre plus de deux à trois minutes. Il doit être effectué au moins trois fois par jour ou plus souvent suivant la gravité de la maladie. Rappelez-vous qu'au cours de l'exercice, on ne donne l'ordre qu'une seule fois. Si l'on vous redemandait, par exemple, de vous lever alors que vous venez de le faire pour obéir à une demande précédente, vous seriez obligé de vous asseoir de nouveau et de vous relever. Par contre, plus tard dans la journée, on peut avoir besoin de vous demander de vous lever de nouveau; il s'agit d'un autre moment. L'exercice peut donc être fait, sans danger, à d'autres moments de la journée

N'oubliez pas, en outre, qu'il convient toujours de découvrir la cause psychologique qui a créé la maladie et d'y remédier si cela est possible.

Apprendre à visualiser

Dans notre enfance, nous avons tous su visualiser. Nous avons utilisé notre imagination dans nos jeux, certains étant plus doués que d'autres. Nous avons tous entendu : « Ne rêve donc pas éveillé » ou bien « Où vas-tu chercher ça ? »

Dans ce livre, il est souvent question de polarité, l'une positive (active), l'autre négative (passive). Pour l'imagination, il convient également de considérer ces deux aspects.

La polarité négative de l'imagination est un acte créateur qui génère une représentation intérieure. Nous pouvons tous, par l'exercice, réapprendre à utiliser cet aspect.

L'homme est capable de percevoir l'extérieur avec ses cinq sens et il est aussi capable d'utiliser ses cinq sens intériorisés. Par exemple, nous pouvons apprendre à nous représenter, les yeux fermés, une personne que nous aimons, imaginer sa voix, sentir son parfum, etc.

Si, ensuite, nous imaginons que nous dînons avec elle, nous pouvons nous représenter le goût des aliments. Nous pouvons ainsi utiliser nos cinq sens intériorisés.

L'aspect positif, plus actif de l'imagination, n'est pourtant pas à négliger, mais il doit être bien utilisé pour servir un but défini. Nous ne parlerons pas ici de l'utilisation de cet aspect, qui est utilisé pour l'extériorisation de la conscience.

Exercices

Après avoir lu l'exercice, fermez les yeux et visualisez, à côté de vous, un petit ballon à gonfler de la couleur que vous aimez.

Imaginez ensuite que vous le prenez en main; ressentez le contact avec le ballon comme si cela était réel.

Portez-le à votre bouche et imaginez que vous le gonflez. Ressentez ces sensations et visualisez-le devenant de plus en plus gros. Entendez en même temps le bruit de l'air pénétrant dans le ballon de couleur. Imaginez aussi l'odeur du caoutchouc et le contact avec les lèvres.

Dans un exercice impliquant l'imagination, évitez que ce que vous allez vous représenter soit statique. Ajoutez-y du mouvement, des changements de position, etc.

Si vous souhaitez continuer, vous pouvez encore imaginer qu'au même moment, vous entendez votre musique préférée.

Vous pouvez imaginer d'autres situations, comme, par exemple, que le ballon vous soulève lentement du sol et vous transporte dans les airs. Vous vous rendez chez une personne que vous connaissez et vous vous représentez tout ce dont vous pouvez vous souvenir de la décoration ou de l'agencement des pièces, etc.

Si, plus tard, vous avez l'occasion d'aller voir cette personne, essayez d'être attentif aux détails que vous n'aviez pas pu vous représenter pendant l'exercice.

De retour chez vous, refaites l'exercice.

A d'autres moments, vous pouvez essayer de vous identifier à un oiseau, à un lapin et d'imaginer ce qu'il peut ressentir, entendre, voir, etc.

En refaisant régulièrement ces exercices, vous deviendrez vite un maître en visualisation (20, 21).

Des volontaires ont été filmés pendant qu'on leur demandait d'imaginer qu'ils étaient au volant de leur voiture et qu'ils circulaient sur une route de montagne. A droite et à gauche, ils pouvaient voir des paysages grandioses. Sur le film, on s'est aperçu que leurs yeux se déplaçaient de droite à gauche comme s'ils observaient réellement un paysage. Les mains étaient, par moments, crispées sur un volant imaginaire. Parfois, la respiration s'arrêtait, les pieds avaient des mouvements qui correspondaient aux pédales qu'ils s'imaginaient utiliser.

Refaites l'exercice, mais en vous imaginant, par exemple, sur le chariot des montagnes russes d'une foire.

L'énergie suit la pensée

Les exercices précédents vous démontrent que l'imagination agit immédiatement sur le corps.

Certaines personnes immobilisées au lit par une fracture peuvent continuer leurs exercices de rééducation en imagination. Il suffit de s'imaginer lever et abaisser le membre handicapé.

Si vous doutez de ceci, levez-vous et tendez les bras à l'horizontale de part et d'autre du corps. Concentrez-vous et imaginez dans votre main droite un poids de deux kilos que vous levez et abaissez le bras tendu, une cinquantaine de fois, lentement. Ensuite observez ce qui se passe : vous remarquerez que votre bras droit est plus fatigué que le gauche, alors que tous deux sont restés immobiles.

Dans la technique Feldenkrais (méthode de kinésithérapie s'adressant à l'imagination et au système nerveux plutôt qu'aux muscles), on utilise une méthode fondée sur les découvertes les plus récentes de la neurologie et de la physique (18). Dans cette méthode, il est dit :

« Chaque être bouge, ressent, pense, parle de la manière qui lui est propre et qui correspond à l'image qu'il s'est faite de lui-même au cours de son existence. Pour changer le genre et la manière de son comportement, il faut qu'il modifie l'image de lui-même qu'il porte en lui... La correction systématique de l'image est plus utile que la correction d'actes isolés. »

Ce qui revient à dire que nous avons la possibilité de créer notre corps à notre image; changer l'image, c'est changer le corps.

Cette possibilité tient compte, bien entendu, des lois naturelles qui régissent l'être humain. Il n'est pas possible de changer par exemple la couleur des yeux, car celle-ci est régie par les lois de l'hérédité.

EINSTEIN, en 1916, a révélé ce que certaines traditions anciennes affirmaient déjà depuis des millénaires : « La matière est énergie. »

Il y a différents types d'énergie : l'énergie musculaire, l'énergie nerveuse, l'énergie mentale, l'énergie des émotions, l'énergie des lieux, des objets, etc. Toutes ces énergies multiples sont elles-mêmes contrôlées par des énergies supérieures.

Tout ce qui existe est la manifestation d'une énergie et l'expression d'une force.

L'homme a appris, progressivement, à utiliser des énergies de plus en plus fortes, par exemple : les énergies électriques, électromagnétiques, chimiques, atomiques, etc.

Les savants ont remarqué que plus ils cherchent dans l'infiniment petit ou dans ce qui est invisible à nos sens, plus l'énergie y est spectaculaire.

Après l'énergie de l'atome, ils ont découvert l'énergie de l'antimatière. Un seul milligramme d'antimatière pourrait permettre d'envoyer une fusée sur Mars en trois semaines.

Les médecins ont appris à utiliser la matière pour guérir le corps malade, surtout lorsque celui-ci est en grand danger. La médecine de la matière a fait ses preuves dans les cas d'urgence, là où justement on avait le plus besoin d'elle.

Les psychologues ont appris à comprendre et à utiliser l'esprit pour guérir le psychisme perturbé. Les psychosomaticiens ont découvert qu'en soignant l'esprit, ils pouvaient guérir le corps.

Ce qui reste encore invisible aux hommes de science et inutilisé est l'énergie de l'âme.

L'énergie de l'âme

Précédemment, nous avons vu que le seul langage utilisé par le corps pour communiquer est le langage corporel. Le corps utilise ses propres systèmes, ses propres organes, pour communiquer. Nous avons également appris qu'il ne servait à rien de soigner un corps sans tenir compte de l'aspect psycho-affectif. La découverte des pionniers nous a permis de comprendre que le pouvoir de l'esprit pouvait être utilisé pour guérir.

Les découvertes futures nous permettront de mieux comprendre ce qui caractérise l'âme et comment utiliser une énergie qui, étant encore plus subtile, aura un pouvoir de guérison et de transformation considérable à l'avenir.

Les miracles, encore incompris aujourd'hui, feront l'objet de recherches qui démontreront la réalité de l'âme. De même, la réalité d'une vie avant et après la vie sera prouvée scientifiquement.

Pendant plusieurs années, les patients que je voyais en consultation recevaient un traitement proposé par l'équipe médicale qui les suivait et un soutien psychologique que je leur apportais pour résoudre le(s) conflit(s) responsable(s) de leur(s) cancer(s).

Le corps du patient qui avait pu résister au cancer et à l'arsenal thérapeutique agressif et qui, en même temps, avait pu résoudre ses conflits psycho-affectifs, ne guérissait cependant pas toujours.

Quel était donc l'élément, à traitement égal, qui assurait la guérison de certains patients et qui manquait à d'autres ?

C'est suite à la récidive d'une patiente que j'ai remarqué l'importance de la dimension spirituelle. Cette dimension, je l'abordais seulement avec certains patients que je sentais ouverts à la compréhension de l'âme.

Cette patiente avait réussi à résoudre le conflit responsable de son cancer et à guérir.

Quelques semaines plus tard, des événements extérieurs malheureux allaient à nouveau la solliciter, la replonger dans d'autres problèmes et provoquer un autre cancer.

Courageusement, elle put faire face et résoudre ce nouveau problème.

Quelques mois plus tard, des circonstances extérieures la précipitèrent de nouveau dans des problèmes qui réactivèrent d'anciens conflits.

Elle récidiva et, cette fois, elle n'eut plus la force de surmonter ses conflits; son corps et son esprit fatigués ne pouvaient plus réagir et l'échéance fatale pointait à l'horizon.

Cette patiente s'était battue avec son corps et avec sa volonté; elle avait réussi à vaincre plusieurs fois les obstacles qu'elle avait rencontrés sur sa route.

Je pensai que, peut-être, elle devait apprendre à trouver la force, non plus dans sa personnalité, mais dans sa nature spirituelle.

Elle comprit qu'il n'y avait pas que le corps et sa volonté et que les expériences malheureuses qu'elle rencontrait constamment devaient avoir un but bien précis : l'initier à sa nature divine qu'elle avait depuis trop longtemps négligée.

<u>J'ai découvert, en même temps qu'elle, que la maladie n'était pas uniquement un système de communication de l'esprit, mais aussi un système d'initiation lié à l'âme.</u>

Après avoir suivi et aidé des centaines de malades cancéreux et observé ceux qui avaient réussi à surmonter leur maladie, j'ai constaté, et les amis et les familles des anciens malades également, qu'il y avait, dans la plupart des cas, un changement assez important de la personnalité. Les patients guéris avaient pour la plupart acquis une dimension spirituelle qu'ils ne possédaient pas avant leur maladie. Le cancer avait été pour eux une initiation à un plan de conscience plus élargi.

Beaucoup avaient vu leur vie prendre de nouvelles orientations, surtout dans le secteur qui avait créé le conflit responsable du cancer (14).

<u>Il existe donc des maladies liées au corps (déséquilibres alimentaires, pollution, etc.), d'autres liées à un déséquilibre psycho-affectif et d'autres liées à un déséquilibre spirituel.</u>

L'être humain est constitué d'un corps, d'un esprit et d'une âme. Nous allons donc essayer d'aller un peu plus loin et découvrir la médecine de l'âme.

Le docteur BACH affirmait que la maladie apparaissait lorsqu'il y avait un écart entre la voie tracée par l'âme et celle empruntée par la personnalité. La véritable guérison serait donc dans l'utilisation de la faculté de s'harmoniser avec les énergies de l'âme. Dès que les obstacles qui empêchent l'âme de répandre ses vibrations dans le corps et l'esprit sont levés, la guérison se répand parmi tous les aspects qui constituent l'être humain.

Pour Edgar CAYCE : « Toute guérison mentale et physique est possible lorsqu'on branche chaque atome du corps, chaque réflexe du cerveau, sur la conscience du Divin qui habite à l'intérieur de chaque cellule » (30).

Ailleurs, il dit : « Sache que, dans ton for intérieur, tu es une entité individuelle, que tu contiens intérieurement tout un univers avec potentiellement tous les pouvoirs et toutes les facultés de la Divinité. »

Il ne faut donc pas chercher Dieu à l'extérieur, il ne faut pas chercher l'énergie à l'extérieur, il ne faut pas chercher la guérison à l'extérieur. Nous possédons en nous toutes les forces de l'univers (22).

L'homme est un Dieu qui s'ignore.

Pour utiliser l'énergie de l'âme, l'énergie divine, il faut, avant toute chose, apprendre à aimer les autres et aussi soi-même.

La véritable guérison réside dans l'utilisation de la faculté de s'harmoniser avec l'énergie de l'âme.

Aimer, tout simplement aimer

Le monde des vibrations de l'amour est régi par des lois de cause à effet aussi précises que celles qui gouvernent le monde des vibrations matérielles. La maladie, la souffrance, nous l'avons vu, ne sont pas dues à une malchance d'ordre matériel, mais plutôt à des erreurs de pensées et de comportements qui vont à l'encontre de ces lois.

L'homme, aujourd'hui, est plus proche du monde matériel et du monde mental que du monde spirituel. Il lui est possible d'observer et d'analyser immédiatement les réactions provoquées par ses actions et par ses pensées. Le monde de l'âme n'étant pas matériel, il n'est pas immédiatement accessible à l'observation. Nous avons tendance, puisque nous ne pouvons la voir et en prendre conscience, à considérer que l'âme n'a aucun pouvoir.

Citons encore une fois Edgar CAYCE : « Si l'entité est si satisfaite d'elle-même, si elle est tellement centrée sur elle-même qu'elle refuse les choses spirituelles et ne change en rien son attitude, aussi longtemps qu'il y aura intérieurement quoi que ce soit qui se trouve en contradiction avec la patience, la tolérance, l'amour fraternel, l'amabilité, la gentillesse, il ne peut y avoir de guérison du mal dont ce corps souffre » (38).

Il est évident, en lisant les nombreux conseils de CAYCE, que la maladie et les difficultés de notre vie ne peuvent être résolues qu'en suscitant en nous les vertus appropriées de l'esprit et de l'âme.

Un outil efficace pour entrer en communication avec le Dieu de notre compréhension est la prière et la méditation. Quand nous sommes en méditation, nous ne devons pas penser que nous sommes une personnalité, car alors nous restons en contact avec un état qui nous limite. La véritable méditation consiste à se brancher sur la centrale cosmique, avec la conscience que l'on est une âme. Il faut apprendre à faire entièrement confiance à l'âme pour diriger notre vie.

Après avoir lu ces quelques lignes, certains d'entre vous vont peut-être se lancer dans l'action et combattre leurs défauts. Il est dangereux d'agir de la sorte.

Il convient plutôt, vis-à-vis de ce que nous sommes ou de ce que nous avons fait, de garder une certaine distance, d'adopter un certain humour.

Si vous vous battez pour éliminer vos défauts, vous allez non pas les vaincre, mais leur donner de l'importance et de l'énergie pour grandir et, ce faisant, vous devrez utiliser encore plus d'énergie et de volonté, ce qui les nourrira encore plus.

En voulant détruire vos défauts, vous y restez accrochés.

Eclairons ce point par une histoire.
Un jour, le Prince du Mal reçut la visite d'un jeune chevalier du Bien. Ce dernier s'était entraîné depuis longtemps dans différentes disciplines et il se présentait maintenant devant le Prince pour un combat à mort.
Le combat, à peine commencé, se révéla titanesque : le Prince du Mal utilisait ses plus mauvais tours pour essayer de détruire son adversaire.
Le preux chevalier qui, ne l'oublions pas, défendait la cause du Bien, était de plus en plus écoeuré par le comportement de son adversaire et devenait à son tour de plus en plus dangereux et agressif.
Le Prince du Mal l'excitait en se contentant par moments de lui murmurer : « Oui, c'est bien, continue ainsi, oui, c'est très bien, viens vers moi et toi aussi tu deviendras l'un de mes disciples, peut-être le meilleur. »
Evidemment, cela exaspérait notre jeune héros qui se démenait toujours plus pour tuer et faire taire à tout jamais

ce satanique personnage.

Au coeur du combat, le Prince du Mal fit un faux pas. Le chevalier s'apprêtait à en profiter quand il perçut un sourire diabolique sur les lèvres de son ennemi. Le Prince du Mal, voyant qu'il hésitait à le frapper, le traita de lâche et, voyant que cela ne suffisait pas, essaya de nouveau, par traîtrise, d'exciter le chevalier à reprendre le combat.

Notre héros comprit soudain : en un éclair, il lâcha son arme, regarda le Mal dans les yeux et lui cria : « Je t'aime, je t'aime. » Le Prince du Mal fit une atroce grimace et se tordit de douleur en se volatilisant.

Notre jeune héros avait compris, in extremis, qu'en utilisant lui-même les armes du Mal pour détruire le Mal, il ne faisait que se perdre davantage. C'est en changeant sa stratégie et en utilisant cette fois une arme inconnue du Prince, l'amour, qu'il parvint à avoir raison de lui.

Aimer son corps malade

Pour guérir, on doit apprendre à s'aimer et, surtout, à aimer l'organe ou la partie de son corps que l'on considère comme son ennemi.

Un cancéreux, qui a été condamné parce que la maladie a envahi telle ou telle partie de son corps, considère cette partie comme une ennemie et ne pense pas un seul instant à lui envoyer des pensées d'amour.

Cette partie souffre d'un déséquilibre par amour pour lui; elle essaye de lui communiquer son message en pleurant, en gémissant, en criant parfois, tout comme un enfant essaye d'attirer l'attention des parents par ses pleurs et ses cris lorsqu'il s'est blessé.

S'il envoie à cette partie des pensées négatives, il contribue à l'affaiblir et il donne l'ordre de l'éliminer. L'esprit et le cerveau vont donc accepter son ordre et l'éliminer. Il faut cesser cette autodestruction. S'il veut conserver cette partie et guérir, il doit apprendre à l'aimer.

Le mal n'existe pas en nous. Ne croyons pas que notre corps, ou une partie de celui-ci, nous veut du mal. Au contraire, c'est par amour pour nous que certaines parties de notre corps nous font souffrir. Comme nous l'avons vu, le corps nous communique sans arrêt des messages pour nous protéger de nos erreurs. C'est par amour qu'il le fait; il se sacrifie pour nous apporter un message, car il sait qu'actuellement, la seule façon de nous aider à comprendre les lois qui régissent la santé, c'est de nous parler de cette façon-là. Si nous étions capables de comprendre directement le message que les cellules de notre corps nous communiquent dès qu'il y a un déséquilibre, c'est-à-dire, de la conscience de la cellule à notre propre conscience, il ne serait pas nécessaire de communiquer de la façon que nous connaissons et maudissons.

Chaque cellule qui nous constitue est une partie de la divinité en nous. Si nous voulons lui permettre d'exprimer sa divinité, il faut apprendre à l'aimer et à lui faire confiance. S'aimer soi-même, ce n'est pas devenir égoïste : c'est aimer tous les aspects qui nous constituent et leur faire entièrement confiance. Pour commencer à nous aimer, il faut apprendre à reconnaître l'amour du Créateur de toute vie.

Pour rencontrer notre Divinité et permettre à l'énergie de l'âme de se manifester, de se réveiller en nous, il suffit d'utiliser, encore une fois, la loi de la polarité.

Nous pouvons utiliser la polarité positive, c'est-à-dire la méditation active, et aller nous promener dans la nature en essayant de voir en toutes choses l'aspect sacré de la création. Laissons-nous alors imprégner de la beauté des couleurs, des formes, des sensations éprouvées lors de cette contemplation. Participons en essayant de faire partie intégrante de cette création.

Soit nous utilisons la polarité négative, c'est-à-dire la méditation passive, et nous nous rendons dans un endroit propice à ce type de méditation.

En inspirant, imaginons que notre âme, la divinité en nous, remplit tout notre être de lumière, de paix et d'amour et qu'en expirant nous rejetons vers l'extérieur l'obscurité, nos émotions et nos pensées négatives.

Après quelques inspirs/expirs, nous allons ressentir une grande paix intérieure.

Dès que nous apportons de l'amour en nous et autour de nous, l'âme déverse ses vibrations qui sont essentiellement guérissantes.

La force est dans l'amour et la connaissance, c'est-à-dire un amour qui transforme la polarité négative en polarité positive.

Pour guérir il faut avant tout apprendre à aimer l'organe ou la partie de notre corps que nous considérons comme un ennemi. Notre corps souffre par amour pour nous.

Aimer ses défauts

Après les livres sacrés, de nombreux ouvrages, articles ou conférences ont été consacrés à des techniques visant à nous libérer de nos défauts, de nos états d'esprit négatif, de nos fantasmes et comportements erronés, etc.

Vous avez pressenti que le pouvoir de l'âme, si vous pouviez y avoir accès, vous permettrait des changements plus profonds et, oserais-je dire, miraculeux.

Vous le savez, pour l'avoir vu ou expérimenté de nombreuses fois, que plus un défaut empire et devient gênant, plus on est poussé à le combattre. Plus on utilise ce que l'on croit être la solution, c'est-à-dire éliminer et combattre, plus le problème a tendance à s'aggraver et à se maintenir. La logique pousse naturellement à opposer une force contraire pour désarmer l'adversaire.

L'utilisation de la volonté pour écarter ce que nous considérons comme mauvais n'est utile que lorsque nous sommes face à des situations dans lesquelles nous ne sommes pas encore enlisés. S'il n'y a pas encore eu d'apprentissage, c'est-à-dire d'habitude erronée, nous pouvons, par un acte volontaire, écarter les émotions et les tentations qui se présentent à nous. Si, par contre, l'émotion, la pensée ou l'acte est déjà devenu une habitude néfaste (rappelez-vous le pipi au lit), il ne sert plus à rien d'essayer de s'opposer à celle-ci.

Vous avez peut-être un jour rencontré une personne déprimée depuis peu et vous avez réussi à lui changer les idées, ce qui l'a aidée à sortir de sa dépression.

Quelque temps plus tard, vous avez rencontré une autre personne souffrant, elle aussi, de dépression, mais cette fois, depuis quelques années.

Encouragé par votre réussite précédente, vous aurez tendance à utiliser le même raisonnement et la même stratégie, c'est-à-dire l'encourager à voir les beaux côtés de la vie, lui rappeler que des millions de personnes au monde n'ont pas de foyer ni suffisamment de quoi se vêtir et se nourrir, etc. Vous ne vous doutez pas un seul instant que votre aide, à ce moment-là, ne fait que maintenir et aggraver la situation. Si quelqu'un osait vous le faire remarquer, vous rétorqueriez : « Je ne puis la laisser dans cet état-là, je dois tout faire pour lui changer les idées et lui éviter de descendre plus bas. »

Vous allez, certes, peut-être soulager cette personne le temps de votre rencontre ou peut-être plus longtemps, suivant l'impact que avez sur elle, mais elle rechutera régulièrement, comme le montre l'expérience.

Ce n'est pas en utilisant la logique, la persuasion ou le combat que nous pourrons changer une habitude erronée.

Pour pouvoir libérer la personne de cette habitude qu'elle ne veut plus conserver, nous devons lui apprendre à aimer son défaut. Dans l'histoire du Prince des Ténèbres, le néophyte se rend compte in extremis qu'il ne doit pas combattre le prince mais, au contraire, aller vers lui, l'utiliser comme arme pour le détruire.

Avant de voir comment il est possible d'aimer ses défauts, je tiens à souligner le fait que les défauts, les envies, etc., sont en fait des états émotionnels et passionnels attachés à la personnalité. Nous devons donc apprendre ou réapprendre que nous sommes une âme et cesser de nous identifier à notre véhicule. Nous devons nous dissocier de notre personnalité pour pouvoir la diriger. En nous dissociant de notre personnalité, nous devenons l'observateur, le chef d'orchestre, le réalisateur de notre vie.

Les émotions, les défauts sont des acteurs que nous dirigeons suivant le scénario du film que nous voulons réaliser. Lorsque, par exemple, nous nous laissons envahir par des sentiments de jalousie, essayons de ne pas en vouloir à la personne qui a permis la création de cette émotion destructive. Cette personne nous a déjà blessés par ce qu'elle a pu faire. N'absorbons pas en nous les émotions liées à cet acte, ce qui va encore aggraver la situation existante.

<u>Apprenons à vivre les événements traumatisants en observateurs.</u>

Apprenons à nous dissocier en pensant : « Je suis une âme, je suis le réalisateur de ma vie. Ma personnalité est le véhicule que je conduis ou l'acteur que je dirige. » Utilisons la troisième personne du singulier pour parler des émotions de notre personnalité. Par exemple : « Tiens, la personnalité est jalouse aujourd'hui. Oh là là, elle se prend au sérieux, elle est même très en colère ! Elle pique sa crise. Tiens, elle crispe ses mâchoires, c'est la première fois que je remarque cela », etc. Observons et notons ainsi le maximum de détails, de manière aussi humoristique que possible.

Lorsque nous permettons à une émotion de pénétrer en nous et que nous n'arrivons plus à nous en dissocier tellement l'émotion vécue par la personnalité nous envoûte et nous hypnotise, une seule chose reste à faire : utilisons une technique proche du judo.

En judo et dans certains arts de défense, on utilise la force de l'adversaire pour l'empêcher de nuire. Utiliser la force de l'adversaire est une façon d'aimer son adversaire et de le respecter. Quand je parle d'aimer ses défauts, je ne veux pas dire s'y attacher, s'y enliser. Aimer son défaut, c'est permettre à la personnalité d'éprouver fortement et consciemment son émotion. C'est laisser venir l'émotion et utiliser sa force pour s'en débarrasser. C'est dans la conscience lumineuse de l'âme que le défaut va disparaître et se transformer.

Quand nous voulons nous défaire d'un défaut, nous ne devons pas attendre que son énergie émotionnelle nous domine, nous devons dominer consciemment, c'est-à-dire créer consciemment le défaut. Nous devons allumer le feu de l'âme, le feu de la conscience, et descendre courageusement dans l'émotion. La lumière de l'âme fera alors disparaître toutes les ombres émotionnelles qui se trouvent dans notre cave. En décidant consciemment de créer et d'entrer dans nos émotions négatives, nous ne serons plus leurs esclaves, mais leurs maîtres.

Dans la pratique, nous devons nous forcer à vivre l'émotion pendant dix à trente minutes, plus si nécessaire, jusqu'à ce que cela devienne une corvée, jusqu'à ce que nous ayons l'impression de toucher le fond. Ensuite nous visualisons une lumière intense qui entre en nous et fait disparaître les ombres.

Nous devrons au début refaire cela plusieurs fois, peut-être pendant plusieurs jours, ce qui correspond à une période d'apprentissage.

Après avoir nettoyé notre cave de ses émotions, replaçons-nous en observateur, en tant qu'âme qui dirige, observe et guide la personnalité.

En utilisant les forces de l'âme, nous pouvons nous guérir de nos défauts et de la plupart des maladies.

Pour croire en l'âme, il ne faut pas nécessairement entrer dans un domaine religieux. L'âme est une énergie pure qui est l'essence même de la vie, c'est la forme supérieure de la vie.

Il faut apprendre à croire à la force de l'âme et cesser de croire à la force de nos défauts, de nos émotions, de nos maladies. Pourquoi vouloir donner plus d'attention et de puissance à nos émotions négatives dont nous ne voulons précisément pas ? Dès que nous sommes conscients de la véritable nature de nos défauts, de ces sangsues qui nous vampirisent, nous sommes libérés, car nous remarquons en fait qu'il ne s'agissait que d'illusions que nous avions créées à un moment ou à un autre pour nous distraire.

La récidive

Certains patients obtiennent des rémissions de leur cancer pendant quelques années, puis récidivent.

Les patients qui guérissent ont, comme nous l'avons vu, réussi soit à résoudre le conflit responsable de leur cancer, soit à prendre une certaine distance vis-à-vis de leur situation conflictuelle.

Pour comprendre les récidives, il y a lieu de repartir du postulat de départ : le cancer est lié à la perte du « tuteur » (ou des tuteurs) qui permet à l'individu de continuer à se justifier et à exister.

A quel moment et pourquoi un individu a-t-il besoin de s'accrocher à un tuteur ?

Pendant la grossesse, si tout se passe bien, l'embryon évolue dans un environnement hyper-protégé, il baigne dans un état de plénitude intense.

Dès sa naissance, par contre, le bébé vit une dure séparation. Il subit la traversée brutale d'un tunnel étroit. Il se trouve exposé au froid, aux agressions sensorielles (bruits, éclairages violents). Il est obligé de déplisser ses alvéoles pulmonaires pour respirer. Il est manipulé par des instruments et des mains qui ne possèdent pas la douceur des enveloppes foetales. Le bébé se sent écartelé, divisé et morcelé. Des parties de lui-même l'abandonnent et le quittent (le corps de sa mère, le liquide amniotique, le cordon ombilical).

Le bébé ne s'identifie pas encore comme un individu. Sa mère est une partie de lui. Il a une perception globale de lui-même et de son environnement. L'objet qu'il tient en main fait partie de son corps. Si on le lui enlève, c'est une partie de lui qu'on arrache. Un enfant d'un an, par exemple, est toujours à l'unisson de son entourage : il pleure quand sa mère pleure, il rit quand sa mère rit.

De même, l'enfant plus jeune qui vit dans un climat de tension affective peut exprimer ses difficultés relationnelles en utilisant son corps pour communiquer. Il souffrira de diarrhées, d'infection grave, de cancer même, qui cesseront dès que le climat affectif de l'entourage s'améliorera.

Pendant les mois et les années qui vont suivre, le bébé va apprendre à s'individualiser, à lâcher ce qui n'est pas lui, pour ne plus souffrir et se découvrir en tant que personne. Il va apprendre à se réapproprier, à se réunifier, à se reconstituer pour se protéger.

Parallèlement à cet apprentissage, il va devoir apprendre à s'intégrer dans la société. L'éducation familiale, sociale et religieuse va modeler l'enfant pour le « civiliser ». Cette éducation va le rendre imperceptiblement dépendant de son environnement. Cette dépendance sera plus ou moins importante, dans certains secteurs de sa vie, suivant les expériences qu'il aura ou n'aura pas vécues. Les expériences qu'il rencontrera et qui le feront souffrir seront des parties de lui-même qu'il n'a pas pu réunifier et qui sont encore morcelées.

Actuellement, la société ne permet pas à un individu d'être indépendant et de vivre unifié. Au contraire, elle le rend dépendant des « tuteurs » qu'elle crée pour lui permettre de vivre et de survivre.

Heureusement, au plus profond de nous-mêmes existent des fonctions organisatrices. Ce sont des « archétypes » qui nous permettent de rassembler les expériences brisées de notre vie.

L'être humain malade, cet être morcelé dans un ou plusieurs secteurs de sa vie, doit apprendre à utiliser ses fonctions organisatrices. Son ou ses tuteurs lui ont permis de tenir son moi divisé dans un état plus ou moins stable. Cet assemblage « rapiécé » utilise beaucoup d'énergie pour permettre à l'individu de rester accroché à ses tuteurs. Chaque tuteur est en relation avec un événement traumatisant qui a affaibli le moi de l'individu, un symbole spécifique et une énergie particulière dans le corps. Hippocrate disait : « Chaque trouble particulier de notre organisme se révèle par une image en rapport avec la sensation intérieurement perçue. »

Il ne nous est pas possible de réunifier les parties éparses de notre moi par l'usage de la volonté et par la logique. Certes, lutter pendant des années contre nos vieux problèmes nous aide à mieux les comprendre, mais cela ne nous permet pas toujours de les corriger.

Seul le langage figuratif, l'imagerie symbolique, est capable d'agir aux niveaux profonds de l'inconscient. Ce langage n'explique rien, il transforme, il crée de puissantes évocations symboliques. La transformation de ces images véhicule des changements actifs dans l'inconscient.

Les évocations qui apparaissent alors spontanément ne favorisent pas toujours des symboles positifs. Certaines situations vécues ont parfois pour but d'éveiller et d'amener à la conscience des sensations de mort, de perte d'identité, de division, de blocage, de quête désespérée d'amour, de besoin impossible d'indépendance, etc.

Pour éviter que le patient ne tombe dans le piège de la rechute, il y a lieu de l'aider à se réunifier. De nombreuses techniques ont été développées pour permettre cette réunification. L'une d'elles est la méthode ARI (Activation des Ressources Inconscientes). Elle permet au patient d'entrer en communication avec son subconscient, un monde où tout est image, symbole, métaphore et énergie.

Une autre méthode plus concrète est la « prescription métaphorique ». Elle permet d'aider les patients qui éprouvent des difficultés et des réticences à utiliser des techniques plus abstraites.

Ces deux méthodes ne seront pas décrites plus longuement dans ce livre, car elles s'adressent essentiellement aux thérapeutes.

CHAPITRE VI

La leçon d'une naissance

L'éducation actuelle tend à faire croire que tous nos maux et nos problèmes nous viennent de l'extérieur, alors qu'en réalité, comme nous l'avons vu au chapitre IV, tout est dans notre façon de prendre conscience.

Nous sommes conditionnés par notre éducation, par l'école, la famille, la société, la religion, etc. Nous préférons laisser aux spécialistes le soin de régler nos problèmes. Nous nous engluons dans de nouvelles croyances et superstitions, préférant nous laisser mener que de nous prendre en main. C'est le règne de la facilité.

Lorsque nous prenons conscience de cela, tout nous est possible, car l'auto-éducation est à notre portée. Nous sommes libres de changer la couleur du filtre au travers duquel nous regardons et interprétons le monde.

Le but de ce chapitre est d'attirer votre attention sur les actes volontaires en rapport avec la conscience objective, ce qui implique déjà une certaine autodiscipline, le talon d'Achille de notre civilisation actuelle.

J'ai montré jusqu'à présent que les maladies ont une origine psychique. Nous allons voir maintenant les activités qui maintiennent en vie notre corps, cet organisme physique qui est utilisé par l'esprit et l'âme pour s'exprimer.

Il ne sert à rien d'être un excellent conducteur si la voiture que nous utilisons ne reçoit pas une essence, une huile et d'autres éléments de qualité permettant son fonctionnement optimum.

La coopération totale des trois aspects qui constituent l'être humain donne une plus grande énergie de réalisation.

« Nous sommes physiquement ce que nous digérons, mentalement ce que nous pensons et spirituellement ce que nous aimons. »

Utilisons encore une fois cette prodigieuse faculté qu'est l'imagination pour assister en spectateur à une naissance, première expression de la vie terrestre, et au déroulement des étapes importantes d'une individualité.

Premier acte : La respiration.

La première chose que fait le nouveau-né est de respirer. Cet acte permet à l'enfant qui vient de se séparer de sa mère de se maintenir en vie. Ne parle-t-on pas du « souffle de vie » ?

En d'autres termes, une respiration convenable est très importante pour le maintien de la santé.

Nous n'entrerons pas dans les détails physiologiques concernant le rôle de l'oxygène dans l'organisme. Rappelons seulement quelques éléments importants. La respiration, ainsi qu'on nous l'apprend, est le phénomène physiologique qui consiste :

1° A fournir de l'oxygène au sang élaboré par le chyle intestinal et au sang veineux épuisé qu'il régénère, ce que l'on désigne sous le nom d'hématose.

2° A brûler, pendant leur passage dans les poumons, une forte partie des graisses solubilisées produites par la digestion des corps gras alimentaires, ce qui crée de la chaleur.

3° A libérer le sang veineux du gaz carbonique, dont il s'était imprégné du fait des combustions internes, et d'autres gaz que le poumon rejette à l'extérieur du corps.

Ce que l'on ignore souvent, c'est que la respiration abdominale effectue un massage de certains organes de la sphère digestive et permet en même temps d'activer la circulation de la lymphe. Le système lymphatique n'a pas de pompe cardiaque pour faire circuler la lymphe, il est mis en mouvement par la respiration et l'activité musculaire.

La circulation correcte de la lymphe qui contient les globules blancs permet d'augmenter la puissance défensive de notre système immunitaire.

De plus, les cellules, les protéines et autres matières devenues inutiles et toxiques sont évacuées par le système lymphatique. La respiration profonde accélère donc la vitesse d'évacuation des toxines.

Edgar CAYCE recommandait le massage pour drainer le système lymphatique et rééquilibrer les circuits nerveux.

Il est dommage de constater que l'on empêche les cancéreux de se faire aider par les spécialistes du drainage lymphatique du docteur VODDER. La peur que le drainage permette l'envahissement et la dissémination des métastases dans le corps est encore fortement ancrée dans certaines consciences non averties.

La respiration profonde, pour être valable, doit être complète, avec une rétention du souffle de quelques secondes, suivie d'une expiration totale.

Dans la pratique, quand cela est possible, il est préférable de respirer l'air atmosphérique dynamisé par les vibrations solaires, là où se trouve le siège du « miracle de la vie ».

Cette « force vitale » emmagasinée dans l'air ensoleillé a été pressentie de tous temps. Ainsi, cinq siècles av. J.-C., Hippocrate l'avait déjà entrevue lorsqu'il disait : « Le corps des hommes et des animaux se nourrit de trois choses physiques : d'aliments, de boissons et d'air vital (le pneuma). »

Deux siècles plus tard, un autre médecin de l'école d'Alexandrie, Erasistrate, disait : « Le pneuma est l'esprit vital qui, en partant du poumon, s'achemine dans toutes les parties du corps pour y réaliser la vie. »

Rappelons également que la conception du souffle de vie est d'origine égyptienne. De nombreuses représentations d'Akhenaton et de Néfertiti comportent un disque solaire qui irradie des rayons terminés par une main. Une ou deux des mains ouvertes d'Aton (le soleil) tiennent une croix ansée (l'Ankh, la croix de vie) près des narines du pharaon et de la reine.

Dans la vie courante, notre organisme nous oblige à respirer à fond de temps en temps. Cela n'est pas suffisant à la bonne oxygénation du sang et à l'activation du système lymphatique.

Il y a une activité dans la respiration qui n'est pas suffisamment corrigée par notre corps (sauf dans le bâillement), c'est l'expiration totale. C'est pourquoi celle-ci doit retenir tout spécialement notre attention. Des recherches ont démontré que l'air se trouvant dans les lobes inférieurs des poumons était si vicié qu'il avait des effets comparables à un poison violent. Autrement dit, à chaque respiration d'air « pur », notre corps emmagasine un air contaminé.

En résumé : respiration profonde, rétention, expiration totale plusieurs fois par heure sont très favorables au maintien de la santé.

Deuxième acte : l'alimentation

L'alimentation permet l'entretien de la vie du bébé par absorption d'un aliment liquide : le lait maternel. Plus tard, l'être devenant plus indépendant, une différenciation entre les liquides et la nourriture plus solide deviendra indispensable.

Cette activité nous amène à concevoir de nouveau une certaine autodiscipline liée au bon fonctionnement inconscient des organes les plus importants du corps.

Nous avons vu que le sang est régénéré et vitalisé par l'air solarisé. Or, le sang est constitué de cellules et autres matériaux physiques. Sa qualité dépendra donc des éléments indispensables apportés par l'alimentation. L'équilibre vital dépend du bon équilibre entre le système respiratoire (inspiration-expiration) et le système digestif (assimilation-élimination).

Dès que le sang ne sera pas constitué harmonieusement, d'une part de sa polarité négative issue de l'alimentation et, d'autre part, de sa polarité positive issue de la respiration, il y aura déséquilibre, car l'organisme (cellules, organes, etc.) ne pourra recevoir tous les éléments indispensables à son bon fonctionnement.

D'où proviennent les éléments qui constituent le corps matériel des cellules ?

Boisson suffisante

Si l'on tient compte du fait que le corps est constitué par plus de 80 % d'eau (rappelons que l'homme a été conçu et est né dans un milieu aquatique), on doit en déduire qu'il est important que cet élément soit suffisamment renouvelé.

La transpiration journalière élimine un pourcentage important d'eau emmagasiné dans le corps. De même, les reins, le foie, les intestins et le sang emploient une très grande quantité de cet élément qui, on le comprend, est rapidement saturé d'impuretés, d'où l'importance de boire suffisamment d'eau.

De même que vous utilisez l'eau pour laver l'extérieur de votre corps, il faut utiliser de l'eau pour le nettoyage intérieur de celui-ci. L'eau, dans ce cas, agit comme dissolvant de toutes les toxines. L'idéal serait d'absorber plus de végétaux, riches en eau.

Alimentation équilibrée

Chacun sait que le corps physique est constitué des éléments chimiques que l'on trouve sur notre planète. Si, pour des raisons particulières, certaines de ces substances venaient à manquer, notre corps n'hésiterait pas à nous le faire savoir à plus ou moins brève échéance.

Si notre corps a besoin régulièrement d'air (on ne peut vivre que quelques minutes sans air) et d'eau (on peut vivre quelques jours sans eau) et des éléments qui s'y trouvent, il a également besoin d'un apport régulier de certaines substances qui ont pour noms : vitamines, minéraux, oligo-éléments, protéines, glucides,lipides, etc.

Ce n'est pas tellement ce que nous mangeons qui profite à notre corps, mais essentiellement ce que nous digérons et assimilons. Ainsi, même si un individu consomme la meilleure alimentation possible (en théorie) pour son organisme mais que, par exemple, soit il n'en apprécie pas le goût, soit il ne la digère pas, celle-ci ne sera pas correctement assimilée.

Au lieu de regarder le corps comme un organisme malade, le docteur MOERMAN (Hollande) a changé de filtre de perception et a préféré observer d'abord ce qu'était la santé idéale d'un corps. Il a cherché à découvrir quels éléments disparaissaient et permettaient l'apparition de la maladie.

Ses études sur les pigeons voyageurs (ils se nourrissent, à peu de chose près, de la même façon que l'être humain) lui ont permis de mettre en évidence un agent inhibiteur qui détruit les cellules cancéreuses.

Les substances qui renforcent le sytème immunitaire sont la vitamine A, la vitamine B complexe, la vitamine C, la vitamine E, l'acide citrique, le fer, l'iode, le soufre et quelques autres minéraux (cobalt, zinc, cuivre, manganèse, etc.).

Il est donc important, en même temps que vous installez le programme présenté dans ce livre, de donner aux cellules du corps les substances dont elles ont besoin pour se reconstituer. Une alimentation naturelle bien équilibrée renferme toutes les substances mises en évidence par le docteur MOERMAN.

Il faut retenir que la manifestation naturelle de stimulation de l'appétit est provoquée par les différents sucs gastriques. Dès que cette excitation se fait sentir, nous recherchons, en tenant compte des us et coutumes de notre personnalité, la nourriture indispensable permettant de calmer cet état. Il y a là un acte conscient et réfléchi concernant la qualité, la quantité et l'harmonie de la nourriture ingérée.

Pour bien préparer l'assimilation, l'aliment introduit dans

la bouche doit être réduit suffisamment avant d'être avalé. Il convient de mastiquer soigneusement afin que l'aliment s'imprègne de salive, ce qui l'aidera à être plus facilement assimilé.

Il est curieux de voir certaines personnes, qui affirment aimer la nourriture, avaler celle-ci sans la mâcher. La bouche est le seul endroit qui permette de jouir du plaisir de la nourriture. Pourquoi alors avaler si rapidement ce que l'on aime puisque, au-delà, la perception du goût cesse ?

Après que le corps a brassé et arrosé le bol alimentaire, plusieurs transformations vont avoir lieu, puis, après la sélection et le prélèvement des divers éléments nutritifs, les déchets vont traverser le côlon pour être éjectés hors du corps.

Elimination

L'état de notre système d'élimination est vraisemblablement le facteur le plus déterminant pour la qualité de nos assimilations.

Pour se nourrir de pensées positives, il faut d'abord rejeter les pensées négatives, les déchets émotionnels qui polluent notre psychisme. Il en est de même pour le corps : il convient de bien le nettoyer avant de le remplir. Si vous avez un verre rempli d'eau sale, il faut le vider pour y placer une eau pure.

Dans l'état actuel de nos habitudes, nous sommes plus vite prêts à soigner un rhume ou un mal de tête qu'à corriger un problème de constipation. Pourtant, si les déchets séjournent trop longtemps dans les intestins, ils fermentent et deviennent toxiques. Ces substances toxiques sont réabsorbées par les villosités de la paroi intestinale et passent dans le foie, qui réduit alors ses activités. Il s'ensuit une surcharge au niveau des reins, qui sont ainsi empêchés d'éliminer les toxines de l'organisme.

	Elimination	**Assimilation**
Respiration	Rejet de l'air vicié	Apport d'air frais
Boisson	Elimination de	Apport d'eau pure
	l'eau polluée	
Alimentation	Evacuation des	Apport d'une nour-
	déchets	riture équilibrée

Pour éviter la constipation, fléau de notre civilisation, il convient de manger beaucoup d'aliments riches en eau : fruits, végétaux, graines germées, etc. S'il faut respirer de l'air vitalisé, de l'air vivant, il convient aussi de manger des produits naturels pleins de vitalité et non pas des produits chimiques dévitalisés.

Il existe différents sucs digestifs spécialisés pour préparer l'assimilation de certains aliments. Certains de ces sucs ne peuvent travailler ensemble, car ils sont incompatibles. L'un des premiers à avoir mentionné l'importance de l'alimentation dissociée est, une fois encore, Edgar CAYCE. Si vous souhaitez que votre corps assimile les aliments frais naturels que vous lui donnez, évitez les mélanges qui acidifient l'organisme, épaississent le sang et ralentissent de plusieurs heures l'assimilation. La digestion ne provoquera pas alors de gaspillage inutile d'énergie.

Aliments qu'il convient d'éviter de prendre ensemble :

1° Pas de féculents avec des sucres : c'est-à-dire pain blanc, pâtes, riz blanc avec des confitures, pommes de terre, alcools, viandes rouges, fromages et agrumes (citrons, oranges, pamplemousses, mandarines).

2° Pas de protéines avec des hydrates de carbone : c'est-à-dire pas de viande ni de fromages avec des pommes de terre. Préférez la viande avec une salade ou des légumes verts cuits à basse température.

3° Pas d'agrumes avec d'autres fruits, crus ou cuits.

4°   Pas de fruits après un repas.

5°   Réduisez votre consommation de lait et de fromages (D'après la National Academy of Sciences, il ne faut que 30 à 40 g de protéines par jour). Remplacez-les par des aliments riches en calcium, les noix par exemple.

Monsieur V.E. IRONS, originaire de Californie du Nord, diplômé de l'Université de Yale et spécialiste des problèmes instestinaux, a passé le cap des cent ans. Selon lui, c'est grâce à la propreté du côlon qu'il est possible de rajeunir.

Pour lui, 99 % des êtres humains sont atteints de troubles du transit intestinal : leur côlon n'est plus un organe d'élimination rapide, mais une fosse septique stagnante. Le seul endroit, affirme-t-il, où l'on puisse encore voir un côlon normal aujourd'hui, c'est dans un livre d'anatomie !

Toujours d'après ce spécialiste, même les personnes qui vont à la selle tous les jours ont un côlon obstrué par des matières fécales durcies et incrustées tout le long de ses parois. Ces matières proviennent souvent d'une nourriture déséquilibrée.

Lors d'un programme de nettoyage du côlon, il n'est pas rare d'éliminer, après quelques jours d'utilisation d'un appareil prévu pour cette opération, un à plusieurs kilos de matières fécales durcies, restées bloquées depuis des années dans l'intestin. Il s'agit essentiellement de nourriture industrielle.

Après quatre à cinq jours d'irrigation colonique, l'on constate généralement une amélioration de l'état général et l'on retrouve l'énergie dont on jouissait dix à quinze ans auparavant (62).

En résumé : la bonne mastication est indispensable, ainsi que le choix et le dosage des aliments. Surveillez tout particulièrement l'élimination. Les repas doivent être pris, autant que possible, dans une ambiance détendue. Si vous avez été fortement perturbé, ne mangez pas tout de suite après.

Troisième acte : l'activité

L'activité permet au bébé de maintenir son corps en bon état de fonctionnement. L'activité exprime la vie par les mouvements corporels, donc par l'exercice physique.

L'exercice physique commence dès que nous nous éveillons le matin. Faites comme le chat, étirez-vous. Ne soyez pas gêné d'accompagner cet étirement par un son, celui qui vous vient naturellement à ce moment-là.

Pour tonifier le cerveau et le système nerveux sensoriel, effectuez des exercices d'assouplissement du cou. Le dos bien droit, penchez la tête lentement en avant et en arrière trois fois, ensuite latéralement de gauche à droite trois fois. Terminez par une rotation de la tête dans le sens des aiguilles d'une montre, puis dans le sens inverse.

Pour Edgar CAYCE, qui préconisait cet exercice matin et soir, la meilleure gymnastique et la plus simple était la marche. Il recommandait tout spécialement de faire travailler le haut du corps le matin (torse et bras) et le bas du corps le soir.

Une dame de quarante-huit ans, pour braver son cancer et sa sclérose en plaques qui menaçait de l'handicaper à vie, a entrepris une marche de plus de dix mille kilomètres. Aujourd'hui, elle se déplace sans difficultés et les traces des cancers au deux seins ont également disparu. Sa guérison en dit long sur les ressources insoupçonnées de la nature humaine.

L'art de la marche combinée avec la respiration fait partie de la tradition des nomades afghans, les Koutchis et les Maldars. Ils peuvent marcher très rapidement sur des kilomètres sans éprouver de fatigue.

L'exercice de base qui est décrit dans le livre *Régénération par la Marche afghane* (65) peut se résumer de cette façon : inspirez par le nez en gonflant les poumons sur les trois premiers pas et expirez immédiatement sur les trois pas suivants. Cessez de compter dès qu'il y a synchronisation automatique.

D'autres rythmes sont prévus en fonction des conditions du terrain : pente, descente, etc. Des techniques sont également décrites qui combinent l'autosuggestion à la suroxygénation rythmée de la marche.

Quatrième acte : la conscience

La conscience exprime la vie de l'esprit et de l'âme par l'activité mentale et émotionnelle, d'où la nécessité d'une éducation de la pensée et des émotions. La plus grande partie de ce livre y est consacrée.

Cinquième acte : Le sommeil

Le sommeil permet au bébé de récupérer l'énergie épuisée par ses activités à l'état de veille. Le degré de récupération n'est réellement efficace que selon le degré de détente qu'il permet au cerveau et à tout le corps. Si vous dormez partiellement, vous êtes partiellement reposé.

De mauvaises habitudes, telles que le manque d'exercice physique, une alimentation inadaptée, une oxygénation insuffisante, des émotions et pensées refoulées et incontrôlées, sont souvent à la base de l'insomnie et d'un sommeil perturbé.

Afin de faciliter la compréhension des différentes étapes, voici un symbole simple à mémoriser : une pyramide vue du dessus. En imaginant que l'endroit où se trouve la pensée est le centre « pivot » de cet assemblage, vous comprendrez qu'une rupture dans l'équilibre d'un des point de la pyramide amène un déséquilibre, une perturbation qu'il faudra régulariser.

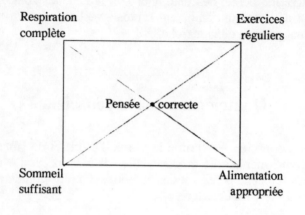

Pour terminer ce chapitre, je citerai Louis-Claude de SAINT MARTIN : « Il est regrettable de constater que la grande majorité des personnes collectionnent les biens matériels comme s'ils allaient vivre deux à trois cents ans et se nourrissent, respirent et boivent comme s'ils avaient décidé de mourir immédiatement. Puisqu'il a été laissé à l'homme le contrôle de toutes choses qui, dans sa vie, le mettent à même d'avoir un corps vigoureux et une saine mentalité, pourquoi néglige-t-il à ce point ce grand privilège et pourquoi s'abandonne-t-il au hasard ? »

L'homme sait que la nourriture qu'il absorbe, l'exercice qu'il prend, ainsi que sa respiration, servent à le fortifier et à le conserver sain et normal.

Pour mener une vie normale et équilibrée, de bonnes lectures, la concentration, la méditation, de bonnes pensées et l'harmonie spirituelle sont la nourriture nécessaire pour notre corps psychique, tout comme l'est la nourriture matérielle pour le corps physique.

Chapitre VII

La famille face au cancer

Nous vivons tous dans un milieu familial, social ou professionnel. Le malade atteint d'un cancer doit faire face à sa maladie, au corps médical, aux amis, à la famille, à la société et à lui-même. Il se sent mal à l'aise dans un ou plusieurs de ces secteurs de l'activité humaine. Parfois, il va en vouloir à ceux qui, autour de lui, sont en bonne santé ou bien s'en vouloir d'ennuyer les autres avec ses problèmes de santé.

L'individu qui est atteint par le cancer ne sait pas communiquer dans la sphère psychologique où il est perturbé. Il se sent isolé et abandonné par ceux-là mêmes qui ont provoqué chez lui le cancer.

Ce n'est pas que les autres soient, en réalité, responsables de son cancer, c'est qu'il permet, d'une certaine façon, aux autres et aux circonstances d'avoir un impact négatif sur ses émotions.

Une situation identique n'aura pas le même impact sur une autre personne et ne provoquera donc pas de cancer, car sa perception du monde est différente.

Comme on le voit, la famille ou les relations proches du malade auront des difficultés à communiquer avec lui. Si le conflit est en relation avec une personne que le patient est obligé de voir, il faudra soit résoudre le conflit, soit empêcher cette personne de rencontrer le malade. Dans la plupart des cas, il n'y a pas qu'une seule et unique solution : chaque cas est particulier et demande à être étudié attentivement.

Plus une famille sera équilibrée, plus elle permettra la communication entre les membres qui la composent et plus vite le ou les conflits pourront être résolus.

Une famille saine envisagera différentes solutions, différentes thérapies, proposera différentes distractions et exercices au malade. Pouvoir s'organiser et se soutenir pour vaincre l'épreuve est primordial.

Trop de malades doivent faire face à la maladie, aux traitements agressifs, aux opérations mutilantes, à la peur du cancer, à la peur de la mort, dans un état d'isolement tel qu'il leur est impossible de trouver le courage et la motivation pour lutter et guérir.

De même, les familles, isolées et paralysées par la démarche à entreprendre pour aider le malade, peuvent se sentir impuissantes à affronter le diagnostic du cancer. Elles connaîtront des jours colorés d'optimisme et des jours assombris de découragement, et d'autres encore remplis de rage et de frustration (40).

Plus une famille sera équilibrée, plus elle permettra la communication entre les membres qui la composent et plus vite le ou les conflits pourront être résolus. Pouvoir s'organiser et se soutenir pour vaincre l'épreuve est primordial.

Communiquer avec le malade

Quand vous communiquez avec une personne qui a reçu un diagnostic de maladie grave, il faut le faire avec franchise et honnêteté. Il faut l'aider à comprendre qu'elle peut vous communiquer ses émotions, ses peurs, sa colère, son ressentiment, etc. L'aider à comprendre que, vous aussi, vous avez des émotions, des peurs, de la colère...

Une famille saine doit encourager l'expression des sentiments sans tenir compte des conseils donnés par des individus bien intentionnés, qui auront tendance à dire : « C'est de la folie : si vous lui parlez de son cancer, de ses peurs, vous allez le tuer, il va sombrer dans le désespoir et la dépression. Il n'a pas besoin de cela, il est déjà assez mal en point, laissez-le donc tranquille. »

N'oublions pas que le cancer est provoqué par le déni, le refoulement des sentiments. N'allons pas, à notre tour, encourager le malade à refouler ses angoisses, qui sont inévitablement là.

La famille doit au moins connaître les différents stades que va rencontrer le parent malade. Les stades, aussi curieux que cela puisse paraître, ressemblent à ceux que rencontre le malade qui sait qu'il va mourir et que la psychiatre américaine Elisabeth KUBLER-ROSS a mis en évidence en accompagnant des centaines de mourants (voir chapitre VIII).

1er stade. Après le choc de la nouvelle, c'est le refus. C'est impossible, pas à moi ! Pourquoi ? Il doit s'agir d'une erreur ! J'ai toujours vécu sainement, ce n'est pas possible ! A ce stade, le malade demandera souvent à rester seul.

2ème stade. Quand il commence à se rendre compte qu'il s'agit bien de lui, le malade se met à en vouloir à tout le monde, à son médecin traitant incapable d'avoir prévu cela, aux fumeurs, à la pollution chimique, etc.

3ème stade. Vient ensuite le stade le plus long : le marchandage. Il discute comme s'il était possible d'inverser le processus de la maladie. C'est un combat entre l'espoir de survivre et la certitude de mourir. « Docteur promettez-moi que je tiendrai encore jusqu'à... », « J'ai toujours été un bon mari, un bon père, un bon croyant, je n'ai jamais fait de mal à une mouche, Dieu ne va pas me laisser mourir, je peux encore rendre de bons services... »

4ème stade. La dépression. A ce stade, on se rend compte que l'on a des pensées ridicules, que la colère et le marchandage ne changeront rien, que le cancer, lui, est bien réel. Le malade n'a plus de ressources et il sombre dans le désespoir.

5ème stade. L'acceptation. C'est le stade le plus important. Savoir le plus rapidement atteindre ce stade pour accepter son cancer, c'est se donner des outils pour guérir. A partir de l'acceptation, on peut construire et aller de l'avant, il n'y a plus de stress, ni de blocage.

Imaginez que vous êtes perdus dans une ville inconnue. Pour pouvoir vous rendre où vous souhaitez aller, il vous faut accepter l'idée que vous êtes perdu et vous situer là où vous êtes. C'est seulement en reconnaissant l'endroit où vous vous trouvez que vous pourrez vous orienter et atteindre votre objectif, pas avant.

Dans la réalité, ces stades se chevauchent et ne sont pas aussi marqués. Certains, comme la dépression, colorent un peu tous les autres stades. Certains stades se répètent même plusieurs fois.

Il est important pour la famille ou le groupe d'aide de connaître toutes les étapes et de permettre au malade de les vivre à fond sans les refouler.

Le plus grand piège pour la famille sera de rester bloquée au stade 1, le refus pur et simple. Il est donc important que la famille, elle aussi, traverse toutes ces étapes. Lorsqu'elle aura réussi à accepter la maladie, elle aura aussi appris à l'affronter.

La stratégie familiale

1. Dès que le diagnostic de cancer est précisé, il convient de découvrir rapidement le conflit qui l'a provoqué. Vérifier si le conflit est récent ou s'il s'agit d'un vieux conflit et donc d'un ancien cancer qui vient d'être découvert, soit par examen préventif, soit par hasard.

2. S'informer et prendre une décision, avec l'accord de l'équipe médicale choisie, quant à la meilleure thérapie à utiliser. Le malade doit être tenu au courant de

cette démarche et sa position doit être considérée. La recherche de renseignements est en général un excellent moyen de diminuer l'angoisse.

3. Trouver ensemble une solution et un plan d'action pour résoudre le conflit.

4. Etablir un programme d'exercices complets, c'est-à-dire relaxation, visualisation, méditation, plaisir, motivation, exercices physiques, alimentation équilibrée, etc.

5. Permettre au malade et à la famille de passer les cinq stades de réactions que nous avons détaillés précédemment.

6. S'il y a des difficultés pour résoudre le conflit, il faudra rapidement envisager l'aide d'un thérapeute spécialisé dans les techniques psycho-adjuvantes aux malades cancéreux.

7. Les membres de la famille qui soutiennent le malade doivent faire attention à leur propre bien-être. Ne pas avoir peur de demander de l'aide à des amis, à des voisins. Ce n'est pas un signe de faiblesse, comme nous le pensons généralement.

8. Dans tous les cas, il est important de toujours veiller à l'expression des sentiments justes du malade. Il y aura des jours où il sera heureux et aura envie de rire, soyez alors attentif au moment où il deviendra triste et apeuré. Ce jour-là, évitez de le faire rire, demandez-lui plutôt ce qui le perturbe.

9. S'il y a un enfant dans la famille où se trouve le malade, il faudra veiller à lui parler des sentiments et sensations éprouvés par le malade, être attentif à ses questions. S'il s'agit d'un jeune enfant, évitez de le culpabiliser s'il ne peut rester tranquille ou s'il ne peut jouer sans faire du bruit. Il est normal chez un petit enfant d'oublier ce qui se passe car il vit dans le présent.

Eviter le refoulement

Les conflits, la colère et le désespoir ont tendance à se dissiper quand nous nous permettons de les exprimer à fond. Une énergie de colère qui est réprimée reste dans l'organisme et le détruit de l'intérieur. Une décharge émotionnelle libère au contraire l'énergie en l'utilisant.

Si le malade sait que son conflit est résolu et qu'il est dans la phase de guérison mais que, malgré cela, par moments, il doute et se décourage, ne lui dites surtout pas : « N'aie pas peur, tu ne vas pas mourir puisque je t'ai dit que tu allais guérir, tout le monde d'ailleurs te l'a déjà dit, cesse donc d'avoir peur, cela ne sert à rien. »

Vous lui rendrez un plus grand service en l'aidant à vomir son doute et sa peur. Un homme a plus de difficulté qu'une femme à exprimer sa peur et à pleurer. L'homme se force souvent à donner de lui l'image du héros impassible et sans peur. Lorsque ce genre de patient refoule ses sentiments, il n'est généralement pas très efficace de lui demander s'il a peur ou de lui dire de ne surtout pas s'empêcher de laisser sortir ses sentiments.

Il y a de nombreuses manières de communiquer le message : la plus importante est de partir de la situation vécue par le malade et de lui dire, par exemple : « Cela ne doit pas être agréable d'être couché dans ce lit et de se demander combien de temps encore on va y rester. Plusieurs idées peuvent surgir dans la tête, des pensées que l'on préférerait ne pas avoir, mais qui apparaissent par moments. Même pendant que tu m'écoutes, des idées peuvent naître et te mettre mal à l'aise. Il faut être courageux pour oser les voir en face et encore plus pour les exprimer. Nous avons tous des potentialités dont nous ne sommes pas conscients et nous ne savons habituellement pas comment elles vont s'exprimer. Parfois nous sommes les premiers surpris par les réactions spontanées, que par moments, nous sommes capables d'avoir pour notre vie », etc.

Aider un malade à exprimer les sentiments qu'il nie est un acte d'amour qui demande de la patience et de la compréhension.

Et si, malgré votre aide et votre amour, le malade ne souhaite pas communiquer ses peurs, car il les considère comme une faiblesse et une sauvegarde de sa personnalité, vous devez apprendre à accepter son choix. Il sait maintenant que vous le respectez et qu'il peut compter sur votre compréhension.

Quand le malade accuse la famille

Lorsqu'un membre de la famille (ou toute la famille) est accusé et agressé par la colère du malade, ce membre fera bien d'exprimer au malade qu'il ressent cette accusation comme une blessure, mais qu'il comprend qu'il soit nécessaire de la manifester, car cela fait partie de la façon dont il voit les choses. Cette extériorisation l'aide à éliminer les tensions dans son corps et dans son mental.

Exemple : « Ce que tu me dis me fait très mal, et ayant mal, je peux comprendre que, toi aussi, tu souffres, mais je veux que tu continues à t'exprimer, car cela t'aide à guérir. »

Si vous dites au malade d'arrêter de vous offenser, il comprendra qu'il avait eu raison dans le passé de ne pas exprimer ses émotions et il se réfugiera dans la solitude.

Un malade qui, dans le passé, n'a jamais pu exprimer sa personnalité et qui, grâce à sa maladie, apprend qu'il doit exprimer ses besoins et se faire plaisir, peut, au début, le faire exagérément. Il convient de lui faire comprendre gentiment que cela vous fait plaisir de voir qu'il ose s'affirmer, mais que vous aussi vous avez une personnalité et qu'il n'est pas sage de dire oui à chacun de ses désirs.

Si, malgré cette mise au point, le malade s'entête, il faudra lui dire que vous comprenez son désir et que vous voulez qu'il sache que vous le soutenez dans son choix, même si vous avez une autre opinion. Dites-lui que, s'il pense que cela est très important pour lui, il doit le faire.

CHAPITRE VIII

La douleur

Bien que nous sachions que la douleur existe objectivement, nous savons moins, par contre, qu'elle est liée, pour
une bonne part, à l'expérience subjective du passé.

Il y a la douleur que les autres ont expérimentée devant
nous et la douleur que nous avons connue dans notre passé;
la douleur actuelle avec nos craintes et nos angoisses; il y a
aussi la douleur du futur, celle que l'on imagine, c'est-à-dire
nos « espoirs » pessimistes, etc.

**La seule vraie douleur est celle que l'on vit sans passé et
sans futur. Si nous pouvions enlever ces deux aspects
temporels, nous supprimerions plus des deux tiers de la
douleur.**

Le mécanisme de la douleur

Nous ne verrons pas tout le mécanisme complexe de la
douleur; des ouvrages spécialisés le présentent en détail. Un
livre à recommander sur ce sujet est *Contrôlez votre
Douleur*, du docteur François BOUREAU (7).

Il y a, au départ, deux sortes de douleurs : l'une, naturelle,
est la douleur signal. Il s'agit d'un signal d'alarme qui indique
que quelque chose mettant le corps en danger est en cours.
L'autre est un dérèglement du système de perception de la
douleur.

Tout le corps est quadrillé par des cellules nerveuses sensitives. Quand nous sommes caressés ou quand nous sommes pincés, ce sont les mêmes cellules qui vont nous avertir des sensations que nous éprouvons, plaisir ou déplaisir.

Suivant les stimuli, l'information se propagera de +/- 2 mètres par seconde à +/- 50 mètres par seconde. Le message de la sensation se propage d'une cellule nerveuse (neurone) à une autre grâce à des médiateurs chimiques appelés neurotransmetteurs. Ceux-ci servent, pour ainsi dire, de pont de jonction entre les neurones qui, en fait, ne se touchent pas.

A certains moments, le type de transmetteur utilisé accélérera, ralentira ou bloquera le signal de la sensation.

Le signal atteindra ensuite l'hypothalamus (cerveau inconscient) qui, pour arrêter la douleur, donnera l'ordre de fabriquer de l'endorphine, qui aura pour fonction de ralentir le passage du signal.

Si cela n'est pas suffisant, le signal sera transmis au cortex (cerveau conscient). C'est à ce moment-là que nous devenons conscients de la douleur. Notre subjectivité va fortement influencer notre comportement face à la douleur.

Puisque l'organisme, ou plutôt le cerveau, a la capacité d'exagérer la douleur, il peut donc avoir un contrôle sur le signal et on peut admettre qu'il puisse l'atténuer ou la supprimer au besoin.

Certains soldats gravement blessés ont pu, exacerbés par le danger et la mission à remplir, continuer le combat sans se rendre compte qu'une partie de leur corps était en lambeaux. Les neurophysiologistes ont découvert que, dans ces cas précis, des hormones « anti-douleurs » étaient sécrétées par le corps.

D'autre part, des études en double aveugle ont démontré que 30 à 60 % des malades qui recevaient des anti-douleurs factices (effet placebo) voyaient leur douleur diminuer dans la même proportion qu'avec les véritables anti-douleurs qu'ils recevaient antérieurement. De plus, le pourcentage de réussites augmentait lorsque l'on passait des comprimés aux gélules, et le pourcentage s'accentuait encore lorsque l'on utilisait certains codes de couleur.

Les améliorations étaient encore renforcées si, au lieu de gélules, on passait aux suppositoires. Avec les intramusculaires et les intraveineuses, les douleurs cédaient encore plus vite.

La douleur fait partie de notre image du monde et de notre attente du monde; elle est donc très personnelle et unique. Changer notre image et l'attente que nous avons du monde, c'est augmenter ou diminuer la douleur.

La seule vraie douleur est celle que l'on vit sans passé et sans futur.

Traitement de la douleur

Dans tous les cas, on veillera à accepter la douleur du malade car, pour lui, elle est bien réelle et elle lui est utile pour connaître l'évolution du déséquilibre dont son corps est atteint.

Ne dites jamais à un malade et surtout à un enfant, sauf si cela fait partie de la stratégie que vous voulez utiliser avec lui pour l'aider, que sa douleur est imaginaire ou qu'il exagère.

Vous lui feriez comprendre que vous pensez que sa douleur et ses plaintes sont des mensonges. L'enfant réagira en croyant que ses sens lui mentent (puisque l'adulte qu'il aime le lui dit) et il apprendra à ne plus leur faire confiance.

Même si la douleur disparaît avec un traitement placebo, cela ne voudra pas dire qu'elle était fausse. Rappelez-vous que ce que nous croyons être la réalité est en fait une image que nous percevons dans notre conscience. On peut donc dire que ce que nous percevons n'est qu'imaginé, autrement dit, mis en image dans notre cerveau. Tout comme un poste de télévision met en images les vibrations invisibles que capte l'antenne, notre cerveau met en images les vibrations invisibles et inaudibles que captent nos sens.

Un jour, un médecin m'amène son père en consultation. Ce dernier avait un cancer du poumon. Ce n'était pas pour le cancer de son père qu'il venait, mais pour une douleur que celui-ci avait à la hanche.

Les examens radiologiques et les scanners qu'il avait effectués indiquaient que tout était normal à cet endroit. Devant son père, il me fit la réflexion suivante : « Papa n'a pas de raison d'avoir mal, sa douleur est psychologique. »

Après un moment d'entretien pour connaître la constitution de la famille et le climat familial dans lequel vivait le patient, ce dernier me fit la remarque suivante : « L'ennui, voyez-vous, est que j'ai deux fils médecins et une fille ingénieur qui me veulent du bien. La seule communication possible se résume à des conversations logiques où tout est fait en fonction d'actes qui, théoriquement, sont les meilleurs pour préserver ma santé. Je n'ai pas le droit de me plaindre, par exemple, que je voudrais m'occuper de mon jardin. Ils ne comprennent pas que cela puisse être important, ils me demandent plutôt de m'occuper de ma santé, que le jardin attendra, que cela n'est pas sérieux dans mon état. »

Après avoir entendu cela, j'ai orienté l'entretien sur le jardinage et la culture des tomates qui occupaient, auparavant, tout son temps. Les grimaces de douleur qu'il montrait par moments se sont atténuées. Le fils, lui, ne cachait pas son impatience et ne tarda pas à me faire comprendre qu'il était venu pour une raison bien précise et qu'il ne voyait pas pourquoi perdre autant de temps à parler de la culture des tomates. Je lui expliquai qu'il serait bénéfique pour son père d'aller de temps en temps au jardin. Je vis dans les yeux du vieil homme une lueur de reconnaissance.

Deux jours plus tard, le médecin traitant me téléphona

pour me dire que la nuit qui avait suivi ma rencontre avec le père de son collègue, cet homme n'avait plus eu mal. La matinée du lendemain, non plus. Mais dans l'après-midi suivant, les douleurs étaient réapparues, plus fortes. Par téléphone, je lui demandai si cela avait coïncidé avec une visite du fils qui me l'avait amené. J'appris, en effet, que le fils, voyant l'amélioration de son père, lui avait fait la remarque suivante : « Tu vois bien que j'avais raison, c'était psychologique. » Quelques minutes plus tard, les douleurs étaient revenues.

Celui qui souffre peut très bien ne pas faire le lien entre sa douleur et son état psychologique. Inconsciemment, il envoie un message comme quoi il existe en tant que corps et esprit et que l'on devrait tenir compte de ses désirs.

Comme nous venons de le voir, une douleur persistante n'est pas toujours le signe qu'il y a des déséquilibres en cours pouvant mettre le corps en danger. La douleur persistante est complexe et multifactorielle.

Il y a parfois dans le corps un programme de la douleur qui se répète et se répète encore, comme une névrose. Pour déconnecter ce programme, il faut travailler sur la mémoire du corps. Il faut changer un petit quelque chose pour débloquer cette rayure qui, comme pour un disque rayé, répète sans arrêt le même passage musical.

Les bénéfices de la douleur doivent aussi être envisagés. On peut très bien ne pas être vraiment malade, mais avoir suffisamment mal pour recevoir les soins d'une infirmière, d'un kinésithérapeute ou même de ses parents ou de son conjoint. Si l'on va mieux, on reçoit moins de visites.

Il y a aussi la douleur-coupable. Le malade, inconsciemment, s'inflige une douleur ou l'accentue par culpabilisation d'un comportement.

Imaginez contre la douleur

Quand le malade parle de sa douleur, écoutez-le très attentivement. Amenez-le à utiliser plusieurs adjectifs pour nommer sa douleur. Avec ces renseignements, vous avez déjà un outil que vous allez pouvoir utiliser.

Si la douleur est sourde, vous pouvez imaginer une situation qui va permettre à la douleur « d'entendre ».

Si elle est lancinante, vous pouvez construire une image où des lances sont plantées dans la partie douloureuse. Vous les retirez et soignez les plaies.

Si c'est une douleur déchirante, vous pouvez utiliser l'image d'une pièce déchirée que vous rapiécez.

Si c'est comme une corde tendue à se rompre, visualisez une corde de guitare que vous accordez.

Un noeud, vous le dénouez, etc.

Toutes ces images mentales doivent se rapprocher le plus possible de la description donnée par le malade.

Bien souvent, la douleur, tout comme la maladie, dit avec son langage la situation qui est responsable de cette tension.

Prenons un exemple, celui de la douleur sourde avec, par moments, des élancements qui ressemblent à des coups de poignard. Il s'agit d'un patient qui n'arrive pas à se faire entendre; autour de lui, on est sourd à son projet. Intérieurement, il voudrait, par moments, que ceux qui limitent ses projets soient morts, d'où les élancements qui symbolisent la colère et l'envie de tuer, l'envie de faire disparaître ceux qui empêchent son projet.

Désorientez la douleur

Ici aussi, il est important d'amener le malade à décrire complètement sa douleur.

S'il explique que sa douleur est pulsante, demandez-lui qu'il vous donne le rythme. A côté de cette douleur, y a-t-il d'autres douleurs ? Essayez de ressentir si elle est différente ou à quel endroit elle commence à changer et à diminuer. Y a-t-il une douleur qui serait masquée par celle qui est pulsante ? Comment sont les autres douleurs, moins fortes, brûlantes, coupantes, lourdes, etc. ?

Y a-t-il d'autres endroits dans le corps qui ressentent les perturbations de la douleur pulsante ? Décrivez-les.

Parlez ensuite au patient : « Il y a des changements qui peuvent se faire à cet endroit... Vous savez que votre coeur bat, vous le saviez, mais vous n'en étiez pas conscient... Maintenant vous pouvez être conscient qu'il bat. Vous savez que, dans les minutes qui suivent, sans le vouloir, vous allez de nouveau oublier qu'il bat. C'est comme si le battement allait disparaître. Maintenant j'aimerais que vous redeveniez complètement conscient des battements que vous ressentez dans la partie... (nommez où se trouve la douleur). Mettez-vous à compter le rythme... Imprégnez-vous du rythme... Dites-moi à quel instrument vous fait penser ce rythme ? J'aimerais que vous voyiez et entendiez l'instrument auquel vous pensez maintenant. Imaginez-vous jouant de cet instrument. Maintenant, progressivement, jouez de plus en plus faiblement, au point de devoir faire un effort pour entendre. Continuez à diminuer jusqu'à ce que vous décidiez (de vous-même) que vous pouvez arrêter. »

Dans cette technique, on amène le malade d'abord à se concentrer sur la douleur, ensuite on lui apprend à la nommer. La phase suivante consiste à le distraire en l'amenant sur quelque chose qui possède une des qualités de celle-ci (dans l'exemple, la pulsation du coeur). Le coeur a un rythme pulsant dont, soudain, on peut prendre conscience et qu'ensuite, on peut oublier. On suggère ainsi une relation avec la douleur pulsante qui peut, elle aussi, être oubliée.

Ensuite, on ramène la conscience vers la douleur pulsante. A ce stade, on devra éviter de parler de douleur; on parlera uniquement des pulsations. On va distraire de nouveau le malade en lui demandant à quel instrument ce rythme le fait penser puis, une fois la conscience orientée vers l'instrument, on va lui demander de modifier l'expérience qu'il a avec l'instrument. Cela revient à lui dire, indirectement, qu'il va modifier également l'expérience qu'il a de la douleur.

Imagination guidée contre la douleur

Dans cet exercice, on demande au patient de se détendre, sauf la partie du corps ou les parties en contact avec la douleur.

Ensuite, il devra décrire les sensations et les images qui se présentent pour symboliser la douleur. Il peut s'agir d'un son émis par une sirène d'alarme, d'une couleur, d'un marteau ou d'un animal enragé, etc.

Pour guider efficacement, il faut être averti de toutes les possibilités à utiliser pour aider le patient dans son voyage à travers la douleur. Cette technique dépasse le cadre de cet ouvrage. Elle ne peut être appliquée d'une manière mécanique, car le thérapeute doit pouvoir diriger le patient sur un chemin parfois semé de blocages. Il doit pouvoir faire face à toute situation bloquante et savoir quand il doit guider et quand il doit rester passif (16).

Je me limiterai donc à donner un exemple :

Imagination guidée d'une patiente qui souffre d'une douleur à la jambe :
— Je vois un castor qui ronge un arbre, il ne m'a pas vue, car il est concentré sur son travail.
— Y-a-t-il d'autres castors ?
— Non, enfin pas pour le moment (silence). Je suis fascinée par ce qu'il fait, je m'approche pour mieux voir.
— Entendez-vous du bruit quand il ronge le bois ?
— Ah, oui, c'est curieux, je voyais et je n'étais pas consciente du bruit... Maintenant il y a plein de castors autour de moi, ils sont tous occupés à ronger des arbres, cela fait beaucoup de bruit... Le bruit devient de plus en plus fort, il devient insupportable, je n'en peux plus, je mets mes mains sur mes oreilles. Je voudrais partir, mais j'ai peur de marcher sur un des castors, il y en a partout.
— Y a-t-il un castor qui attire plus particulièrement votre attention ?

— En regardant bien, non. Oh, ils me regardent tous maintenant de façon agressive ! Ils ont l'air de se rendre compte maintenant que je suis là, peut-être ne m'avaient-ils pas encore vue. Ils sont mécontents. J'ai peur qu'ils ne se précipitent sur moi et ne me rongent la jambe (l'endroit où se trouve la douleur). Il y en a un qui est déjà occupé à renifler ma jambe, j'ai peur, mais je n'ose plus bouger. (Sa respiration, par moments, s'arrête.)

— Voyez si vous pouvez vous mettre à la place de ce castor. Imaginez que vous êtes ce castor. Comment vous voit-il ?

— Oui, j'arrive à voir avec les yeux du castor. Je vois deux bouleaux, j'ai envie de mordre dedans.

— Essayez de voir plus haut, que voyez-vous au-dessus des bouleaux ?

— Je ne sais pas, c'est flou, il me semble que, dans la brume, je vois la tête de mon patron qui me regarde. Oui, c'est la tête de mon patron ! Je suis folle de rage et je lui mords les jambes. J'entends l'écorce qui craque et, au lieu de trouver du bois tendre, l'intérieur est vermoulu, il a été rongé par des insectes, des bêtes s'échappent maintenant par l'ouverture que j'ai créée.

Dans cette imagerie guidée, on trouve des éléments importants. Cette jeune fille, en fait, avait un cancer qui lui rongeait la jambe droite. Le conflit responsable du cancer de dévalorisation, en conformité avec la loi d'airain du cancer, avait été provoqué par son directeur qui, dans son « boulot » (bouleau, jeu de mots fréquent dans le rêve) l'empêchait d'avoir la nomination qu'elle était en droit d'avoir.

La colère qu'elle éprouvait à l'égard de son patron était responsable de la tension et de la douleur de la jambe. Après la séance, la douleur avait déjà diminué et continua à le faire au cours des jours qui suivirent, malgré la tension insupportable du périoste.

Le guide intérieur

Toujours en utilisant l'imagination, on peut, pendant la relaxation, demander à voir apparaître un guide intérieur, un instructeur, un médecin, un sage ou un ange, comme pour Elisabeth KUBLER-ROSS (voir chapitre X).

Ce guide intérieur n'est pas, comme certains aiment à le penser, un être provenant de l'extérieur, mais plutôt un aspect de notre propre entité intérieure se faisant connaître sous une forme particulière, qu'elle soit humaine, animale ou végétale, ou encore une forme imaginaire.

Il est possible, dès que le contact est établi, de dialoguer et de poser des questions au guide.

Version passive :
Après s'être détendu complètement, demander en soi-même qu'un guide intérieur se manifeste pour aider à mieux comprendre et résoudre le problème de santé.
Laisser ensuite, sans chercher à les analyser, venir les impressions. Etre observateur et non juge.
Avec de l'entraînement on voit apparaître, au moment où l'on s'y attend le moins, le guide intérieur.

Version active, exemple résumé :
Imaginer que l'on grimpe allègrement le versant d'une montagne ensoleillée. On trouve une petite ouverture qui permet de traverser la montagne. On découvre un endroit paradisiaque protégé par un cirque de montagnes.
Dans ce cadre enchanteur, on rencontre son guide. Après l'avoir remercié pour ses conseils, on reprend le trajet de retour.

Communiquer avec la douleur

En thérapie, le thérapeute et le malade forment un couple, une entité. Lorsque le même patient rencontre un autre thérapeute, il forme un autre couple et il pourrait avoir besoin d'une autre méthode.

Le thérapeute imagine que sa personnalité est représentée par la couleur bleue et que son patient est symbolisé par la couleur jaune : le couple formé sera une combinaison des deux, donc du vert. Si le même patient rencontre un thérapeute représenté par la couleur rouge, le couple formé donnera de l'orange, etc. Cela permet de comprendre pourquoi certains médecins ou thérapeutes peuvent utiliser des techniques différentes et obtenir malgré cela des résultats. Lorsque nous jugeons quelqu'un (ou une technique), nous oublions que nous voyons son comportement à travers notre propre couleur et que, d'une certaine façon, nous faussons notre perception. Il nous est impossible de connaître l'autre tel qu'il est réellement.

Une méthode psycho-adjuvante efficace est vivante, elle n'est pas statique, elle s'adapte à la réalité du patient.

Méthode de collaboration avec la douleur

1. Prenez contact avec la douleur. Dites-lui que vous savez que cette partie souffre par amour pour vous et envoyez-lui vos pensées de bienveillance et d'amour.
2. Ressentez la douleur. Observez-la dans ses moindres recoins. Notez pour vous-même la façon dont vous la qualifiez : au centre, elle est comme ceci, à la périphérie, à gauche, à droite, en profondeur, à la surface, comme cela. C'est chaud, c'est froid, c'est dur, c'est mou. Quand je m'en écarte, je ressens ceci ou cela, etc.
3. Entrez maintenant dans la douleur. Identifiez-vous à la zone douloureuse. Concentrez-vous pour imaginer que vous avez la même forme et vérifiez pour placer tous les relevés que vous avez notés au point 2.
4. Laissez-vous ensuite aller, n'essayez pas de ne plus penser, laissez plutôt votre esprit vous montrer quelques informations sur ce que vous devez faire en relation avec la douleur. Ne vous forcez pas à voir, restez passif, en attente, et notez toutes les impressions.

5. Si, après quelques minutes d'attente, il ne s'est rien passé ou si vous n'avez pas reçu une information claire, ne vous désolez pas. Dites-vous bien que vous apprenez à apprivoiser ce qui provoque la douleur. Il vous faudra de la patience, refaire l'exercice, sans stress mental. Si vous souhaitez apprivoiser un oiseau, vous savez qu'il vous faudra l'approcher lentement. Pensez qu'il en est de même avec l'esprit de la douleur.

6. Après avoir reçu le message, remerciez et veillez à tout faire immédiatement pour l'exécuter. Plus vous serez prompt à exécuter les messages reçus, plus il vous sera facile, par la suite, de recevoir d'autres instructions.

Le rire : un anti-douleur

Un gendarme intrigué par le comportement particulier d'un homme apparemment en état d'ivresse lui demande ce qu'il cherche avec beaucoup d'assiduité sous un réverbère.

Apprenant que le pauvre bougre cherche ses clés, notre brave officier se met, lui aussi, en recherche.

Au bout de quelques minutes, il demande : « Etes-vous bien certain de les avoir perdues ici ? »

L'ivrogne répond nonchalamment : « Non, je les ai laissées tomber là-bas. »

Le gendarme étonné, puis courroucé, s'apprête à se fâcher quand le bougre murmure : « Ici, sous le réverbère, il fait plus clair. »

La gélothérapie

Selon certains travaux scientifiques, le rire augmente la production d'endorphines (hormones euphorisantes) qui permettent de réduire l'inflammation et la douleur.

Au cours du rire a lieu une sorte de massage des organes

qui se trouvent des deux côtés de la membrane du diaphragme, à savoir : dans la cage thoracique, les poumons et le coeur et, dans la cavité abdominale, le foie, la vésicule biliaire, l'estomac et une partie des intestins. C'est pour cela que rire peut faire mal au ventre.

En même temps, la contraction et la dilatation du diaphragme favorisent la production de divers sucs tels que la bile et l'insuline. L'un est nécessaire pour la transformation de la graisse, l'autre pour la décomposition du sucre. Cela explique pourquoi rire après un repas favorise la digestion. Plus on rit, mieux on digère.

Rire est également bon pour les organes de la respiration : vous inspirez plus du double d'oxygène et éliminez plus rapidement l'air vicié. Pendant le rire, tous les muscles de la poitrine, de l'abdomen et du visage entrent en mouvement. A l'extrême, les bras, les jambes et tout le corps sont concernés. La circulation lymphatique est amplifiée. Après le rire, tous les muscles se détendent, le coeur, le pouls et la pression sanguine diminuent. Les douleurs rhumatismales, les maux de tête, les insomnies, ainsi que les troubles digestifs sont autant de pathologies accessibles au rire.

Rire est donc un sport sain pour le psychisme et le physique. Le rire réveille le médecin qui sommeille en nous.

En règle générale, la relaxation induite par le rire dure environ quarante-cinq minutes. Le proverbe : « Le rire est le meilleur des médicaments » n'est donc en rien une plaisanterie.

On sait depuis bien longtemps que des exercices de relaxation aident à mieux « gérer » la douleur. Ce qui est nouveau, c'est que le rire peut être employé comme analgésique dans certaines situations et sans entraînement préalable.

Une étude suédoise, dont les résultats ont été publiés le 27 janvier 1989 dans le *Journal of the American Medical Association*, conclut que les médecins peuvent aider à soulager les douleurs de leurs malades en les faisant rire. Six malades, en traitement ambulatoire, ont obtenu un soulagement significatif de douleurs très vives dues à des troubles musculaires ou osseux grâce à la « gélothérapie » ou thérapie par le rire.

Guérir par le rire

Norman Cousins, rédacteur en chef du *Saturday Review*, est victime, à l'âge de quarante ans, d'une forme sévère de rhumatisme : la spondylarthrite ankylosante. Le diagnostic des médecins est grave : fauteuil roulant jusqu'à la fin de sa vie. Malgré les traitements, il souffre terriblement.

Un jour, il éclate de rire pendant quelques minutes. Il est ensuite étonné de ne plus ressentir la douleur pendant un peu moins de deux heures.

Il réclame des livres et apprend que le rire a des effets encore mal compris sur la sécrétion de certaines substances hormonales. N'ayant plus rien à perdre, il quitte l'hôpital, se procure des films drôles, des livres hilarants, et s'entoure de gens comiques. Rapidement, les douleurs diminuent, s'espacent et cessent. Après quelques mois, le corps médical doit bien se rendre à l'évidence : Norman Cousins est guéri.

Il raconte sa guérison « miraculeuse » dans une importante revue médicale des Etats-Unis et écrit un livre, *La Volonté de Guérir* (14). Plus tard, on lui offre une chaire à la faculté de médecine de l'Université de Los Angeles.

Depuis lors, grâce à son impulsion, des « salles de rire » se créent dans les hôpitaux américains. Des clowns vont de service en service propager le rire.

En Suisse, en Suède, en Grande-Bretagne, des expériences et des études ont commencé dans certains départements de pédiatrie, de psychiatrie et de cancérologie.

Dans le secteur professionnel, des P-D.G. américains ont instauré des moments pour rire et faire le pitre. Les performances du personnel ont augmenté et l'absentéisme pour dépression ou mauvaise santé a fortement diminué.

Les vieillards ne sont pas oubliés. Depuis 1982, des maisons de retraite et des établissements hospitaliers de long séjour commencent à introduire systématiquement le rire dans l'environnement de leurs pensionnaires.

En France, une association, le Ressort International pour le Renouvellement de l'Energie (R.I.R.E.), nourrit une folle ambition : provoquer un fou rire planétaire le 22 septembre 1992 et inscrire dans toutes les constitutions le droit de rire sept minutes par jour.

CHAPITRE IX

La mort :
un autre état de conscience

La mort est un sujet tabou que nous n'aimons en général pas aborder de peur qu'en y pensant, nous rapprochions automatiquement l'échéance fatale.

Il faut absolument éliminer la peur de la mort. La peur de la mort est avant tout la peur de la disparition, de la destruction de nous-mêmes, la peur de l'inconnu, le doute quant à nos croyances, la peur de laisser les êtres aimés, la peur de l'enfer, etc.

Une des investigatrices sur la mort qui a fait couler beaucoup d'encre est Elisabeth KUBLER-ROSS (EKR), une psychiatre suisse qui vit aujourd'hui aux Etats-Unis. EKR a accompagné plus de 1000 malades agonisants et a écrit sept livres sur ce sujet tabou (31, 32, 33).

Après elle, d'autres investigateurs connus pour leurs recherches sur la mort ou les états proches de la mort ont également publié leurs travaux. Le plus connu du grand public reste sans conteste le docteur Raymond MOODY (médecin et docteur en philosophie) qui, après deux best-sellers traduits en plus de vingt langues, vient récemment de publier un nouvel ouvrage, *La Lumière de l'Au-Delà* (44, 45, 46).

Un autre explorateur, Kenneth RING, professeur de psychologie et directeur de l'Association Internationale pour l'Etude des Etats Proches de la Mort a, lui aussi, publié ses travaux sous le titre *Sur la Frontière de la Vie* (50).

Tous ces chercheurs ont rencontré et observé des mourants et des individus ayant connu une NDE, abréviation de Near-Death-Experience, c'est-à-dire, expérience au seuil de la mort. D'après un sondage fait en 1982 par la société Gallup, huit millions d'individus aux Etats-Unis ont rapporté, après leur réanimation, avoir vécu une expérience des plus troublantes et des plus fantastiques se rapportant à une ou plusieurs des phases que l'on rencontre le plus souvent lors des états proches de la mort. En Europe, le sondage est encore en cours.

D'après les témoignages des individus ayant connu une NDE, on retrouve toujours un déroulement identique, et cela quelles que soient les latitudes et le milieu socio-culturel.

Voici les étapes que j'ai relevées à travers les différentes publications sur ce sujet :

1. Sensation d'être emporté dans un long tunnel ou un couloir obscur. L'agonisant, à ce stade, perd le contact avec son corps et avec les vibrations les plus lentes de la matière.

2. Dès qu'il a quitté le sens kinesthésique (le toucher), olfactif et gustatif, il s'apprête à quitter le sens auditif. Il entend des bruits, des vrombissements, des bourdonnements, des sifflements, etc. Il passe la frontière du son.

3. Impression subjective d'étonnement de son état et de ce qu'est la mort, si toutefois il était conscient que celle-ci se préparait. L'individu qui meurt sans s'en rendre compte (accident, arrêt cardiaque, etc.) peut errer pendant des heures en se demandant ce qui se passe. Il ne peut comprendre et croit qu'il rêve.

4. Sensation de paix. Constatation que la souffrance a disparu.

5. Ceux qui arrivent au bout du tunnel vont rencontrer des amis, des parents disparus qui les accueillent. Ils les voient comme ils les ont connus de leur vivant.

6. Puis c'est la rencontre avec une lumière qui va devenir de plus en plus éclatante, sans être toutefois aveuglante.

   De cette lumière, tous diront qu'il émane de la bienveillance et de l'amour.

C'est le dernier sens, celui de la vue, celui de la lumière, le dernier sens qui rattache encore à la terre celui qui vient de mourir. S'il passe ce stade, il ne reviendra plus; il aura coupé définitivement le cordon qui le rattache encore à son corps. Certains, en effet, ont vu et décrit que leur enveloppe psychique, qui ressemblait en tout point à leur physique, était en connexion avec leur corps grâce à une corde de couleur argentée qui pouvait s'étendre quand ils se déplaçaient.

7. L'être de lumière fait ensuite naître dans la conscience du désincarné des questions du genre : « Qu'as-tu fait de ta vie ? », « Es-tu préparé à la mort ? », « Qu'as-tu aimé ? », etc. Pendant que l'être suscite des réflexions sur la vie, il irradie des sensations de paix, de bienveillance et d'amour. Aucun jugement n'est proféré.

    Après ces questions, la plupart des personnes disent avoir revu tous les détails de leur vie en trois dimensions, instantanément. Elles disent éprouver leurs émotions et les émotions des personnes impliquées dans les situations qu'elles revoient. C'est l'heure du bilan de vie et, apparemment, l'âme du désincarné se juge elle-même.

8. Retour à la vie. L'être de lumière a permis à l'individu de choisir s'il préférait revenir sur terre ou mourir définitivement. Parfois l'individu n'a pas le droit de faire ce choix et il doit revenir à la vie.

9. La vie reprend ses droits, mais elle ne sera plus jamais pareille. Ceux qui sont revenus de la vallée de la mort disent avoir compris que l'amour est plus fort que tout. De plus, toute peur de la mort les a quittés. Ils disent que la vie sur terre est très importante et qu'il faut la vivre en remplissant la mission proposée par l'âme.

Les changements de personnalité sont extraordinaires, à tel point que ceux qui avaient des problèmes psychologiques et des troubles névrotiques en ont été instantanément guéris.

D'autres verront de nouvelles facultés se développer, une paix intérieure et une force vitale permanentes les aideront à réaliser leur mission dans la vie.

Tous ceux qui ont connu une NDE ne se souviennent pas toujours de toutes ces étapes, mais parfois seulement d'une partie d'entre elles.

Exercice

Je recommande régulièrement aux patients cancéreux un exercice qui m'a été inspiré par les expériences des NDE. Cet exercice leur permet une meilleure appréciation de leur véritable motivation de guérison.

Pour guérir, il faut avoir véritablement envie de vivre et l'exercice que je propose, identique au bilan de vie que rencontre l'agonisant, va les aider à choisir, soit de continuer à vivre, soit d'aller vers la mort. N'oublions pas qu'il appartient au patient seul de décider et de juger ce qu'il doit faire de sa vie. Le thérapeute n'a aucun pouvoir de vie et de mort, seul l'individu, le moi intérieur, possède ce droit.

Le patient ne doit pas être dérangé pendant cet exercice. S'il pense ne pas être capable de l'effectuer seul, il peut se faire accompagner par une personne en qui il a confiance.

Après s'être détendu complètement, il s'imagine qu'il glisse dans un long tunnel obscur.

Après quelques secondes, il imagine entendre un son (sifflement, cloche, tintement, etc.).

Il perçoit ensuite une lumière au bout du tunnel, il s'en approche rapidement. Il est maintenant devant cette lumière éclatante, elle dégage de la paix, de l'amour; des sensations de bien-être l'enveloppent.

La lumière lui parle, elle suscite en lui des questions du genre : « Qu'as-tu aimé ? », « Qu'as-tu réalisé ? »

Il revoit ensuite les différents moments de sa vie et éprouve les émotions associées à ces moments.

Lorsqu'il a revu ainsi toute sa vie, l'être de lumière lui demande s'il souhaite vivre et reprendre son évolution pour parfaire les manques, réduire les excès, etc., ou bien abdiquer et décider de mourir tout en étant conscient des connaissances qu'il a aujourd'hui sur la vie et la vie après la vie.

Quand il a terminé et pris sa décision, il reprend conscience de l'endroit où il se trouve, de sa respiration. Il inspire profondément et ouvre les yeux.

Voyage hors du corps

Au début des années soixante-dix, Elisabeth KUBLER-ROSS ne peut plus supporter le moindre effort physique; elle est épuisée par son travail acharné, elle est malade, a les intestins bouchés et doit prendre sans arrêt des médicaments.

En 1972, elle rencontre Robert MONROE, ingénieur du son, directeur du MONROE INSTITUT, qui, après avoir expérimenté lui-même pendant plus de deux ans des extériorisations de la conscience, a écrit un ouvrage intitulé *Voyage hors du Corps*. (43).

Après avoir observé le fonctionnement de ses sorties hors du corps, il a mis au point un appareil qui, en émettant un certain son, permet à la conscience de quitter le corps physique.

EKR, dix minutes après avoir pénétré dans la cabine de l'appareil de Monroe, se retrouve psychiquement au plafond.

Elle refait une expérience le lendemain, mais ne se souvient que de quelques mots en sanscrit qu'un ami lui traduira des années plus tard. Par contre, le même soir, elle connaît une longue sortie de trois heures et demie sans l'aide de l'appareil. Après avoir rencontré une lumière blanche et dorée, un torrent de jouissance, à la puissance mille, fera irruption en elle.

Quelques jours plus tard, elle doit se rendre à l'évidence : sa santé s'est considérablement améliorée. Elle dit ne s'être jamais sentie en aussi grande forme.

En fait la mort, comme nous avons tendance à l'imaginer, n'existe pas. La conscience continue, identique à elle-même, après l'arrêt des fonctions physiques du corps (64). Les recherches actuelles sur la vie avant et après la mort se développent de plus en plus et, d'ici très peu de temps, la peur de la mort commencera à s'éteindre dans le monde.

L'accompagnement d'un agonisant

Accompagner un agonisant est une chose à laquelle les proches doivent un jour ou l'autre inévitablement faire face. L'expérience décrite par les NDE nous encourage à oser parler de la mort avec le malade qui est en phase finale.

Lui en parler va l'aider à prendre conscience et à vivre pleinement cette étape très importante de la vie, même si le sujet de la mort éveille encore aujourd'hui la crainte.

Même celui qui ne croit à rien verra, lors de sa mort, que sa conscience ne l'a pas quitté et qu'il peut voir et entendre ce qui se passe autour de son corps.

Si le malade admet la vie spirituelle, il sera facile, s'il n'a pas encore connaissance des étapes qu'il rencontrera après la mort, de lui en parler.

S'il n'admet pas la vie spirituelle, il faudra méditer et prier pour lui au moment précis de la dernière expiration pour l'aider lors du passage. Envoyez-lui vos pensées de paix, d'amour et faites-lui comprendre qu'il n'est pas le corps, qu'il n'est pas ce qu'il croit être, qu'en fait, il est une âme et qu'il doit s'identifier avec son âme pour se libérer rapidement des passions grossières qui le maintiennent encore attaché à la matière. Rassurez-le en lui expliquant que l'âme est un conducteur et que son corps est un véhicule usagé qu'il doit rejeter à la « casse ». Plus tard, il aura l'occasion de changer de véhicule et de renaître dans un autre corps. Dites-lui encore qu'il va bientôt rencontrer des amis et des parents qu'il a connus et que ceux-ci vont s'occuper de lui. Parlez-lui de la rencontre avec l'être de lumière et de la paix et de l'amour qu'il dégage. Il faut absolument dire au mourant tout ce qu'il va trouver de l'autre côté de ce que l'on appelle la vie.

Si l'agonisant ne veut pas que vous lui parliez de ce qu'il va rencontrer après sa mort, dites-lui, même si cela est pénible, que c'est parce que vous l'aimez que vous parlez ainsi franchement de sa mort. Dites-lui que, lorsqu'il sera de l'autre côté, il comprendra et vous remerciera de l'avoir prévenu de ce qu'il allait voir; cela lui évitera la peur de l'inconnu et lui permettra d'orienter ses pensées sans être trop perturbé.

La vie avant la vie

Des millions de témoignages affirment et confirment que la vie continue après la vie. Nous allons voir qu'il existe de nombreux témoignages qui affirment et confirment que la vie existe également avant la vie.

L'un des premiers chercheurs connus à avoir effectué de nombreuses enquêtes à travers le monde sur les souvenirs d'une vie avant la vie est Ian STEVENSON, directeur du Département de Neuropsychiatrie de l'Université de Virginie. Les témoignages qu'il possède sont troublants, car il s'est intéressé aux souvenirs de jeunes enfants qui, parfois, racontaient des histoires que la société où ils vivaient ignorait.

Une petite fille, âgée de deux ans à peine, dit à sa tante : « Tu te rappelles que je te tenais sur mes genoux comme tu le fais maintenant. » La petite fille évoqua ensuite avec sa tante des souvenirs communs qui dataient de la jeunesse de la tante. En fait, la petite fille disait avoir été la grand-mère de sa tante et, quand elle parla de cette période ancienne de sa vie, elle utilisa la première personne, comme s'il s'agissait d'elle.

Un jeune garçon de trois ans dessine un jour devant son père une page entière d'insignes. Il dit à son père qui le questionnait : « Ce sont les insignes que je portais sur mon uniforme quand j'étais pilote de la Luftwaffe. » Plus tard, il dessina en détail la carlingue et les instruments de bord de son avion et expliqua à son père comment cela fonctionnait.

L'enfant donna beaucoup de détails sur l'enseignement qu'il reçut quand il entra à l'école militaire à l'âge de dix-neuf ans.

Edgar CAYCE fut fort dérouté lorsqu'un après-midi d'octobre 1923, son subconscient, qui avait déjà démontré la valeur des diagnostics médicaux qu'il avait donnés en état de transe, fit la remarque suivante concernant le patient qu'il devait aider : « Autrefois, il a été moine. »

Edgar CAYCE, qui avait été élevé dans une atmosphère chrétienne et orthodoxe rigoureuse, ne croyait pas à la réincarnation. Il pensa donc que son subconscient commençait à lui raconter des histoires.

Pressé par ses proches qui voulaient en savoir plus, il se laissa convaincre de poser des questions sur la réincarnation. Il reçut ainsi de nombreuses preuves que la réincarnation existait et qu'elle était enseignée dans la Bible. Mais certains passages qui dérangeaient les pères de l'Eglise furent enlevés aux environs du IVème siècle après J.-C. Ce qui déroute aujourd'hui les lecteurs de ce saint ouvrage, c'est que, par moments, il y a des passages qui ont l'air de se contredire : c'est à ces endroits, précisément, que l'on a supprimé ou arrangé des phrases.

Malgré ses réticences, Edgar CAYCE entendit de plus en plus de références à une ou plusieurs vies antérieures. C'est ainsi que l'on trouve dans les lectures psychiques de CAYCE des références à des vies vécues en ancienne Egypte, en France, au Mexique, etc., mais aussi à de grandes civilisations inconnues de la conscience éveillée de CAYCE.

Après sa mort, une fondation, l'ARE*, abréviation de Association for Research and Enlightenment (Association pour la Recherche et l'Illumination), réunira les milliers de discours donnés par le subconscient d'Edgar CAYCE. De nombreux livres ont été publiés sur cet étonnant personnage, qui, en état de transe, pouvait répondre à n'importe quelle question.

Patrick DROUOT, physicien français, a également découvert la vie avant la vie. Après dix ans de travail, il a permis à des centaines de personnes de plonger dans leur passé et de découvrir une ou plusieurs vies antérieures (17).

Il a lui-même effectué plusieurs sauts dans son propre passé, qui lui ont permis de mettre au point des techniques simples permettant le rappel des vies antérieures ou des régressions à la période prénatale. Certaines personnes ayant participé à ses séminaires ont même pu donner des indications sur leur mort précédente.

Le docteur Helen WAMBACH, psychologue clinicienne américaine, a fait régresser plus de 7000 personnes (69).

Beaucoup d'autres chercheurs se sont intéressés aux vies passées et leur nombre ne cesse de progresser, tout comme celui des personnes qui s'intéressent à ce sujet exaltant.

---

*   A.R.E., P.O. Box 595, Virginia Beach, VA 23451, U.S.A. Pour plus d'informations sur Edgar Cayce : association « Le Navire Argo », 38 avenue Gabriel, F - 75008 Paris. (Joindre une enveloppe timbrée pour la réponse.)

CHAPITRE X

Le sida, oui, mais...

Un jour, un habitant de la ville de Seattle (USA) découvre que son pare-brise est griffé. Il fait sa déposition au commissariat du quartier. Le lendemain, un voisin, apprenant les faits, découvre lui aussi qu'il a été la cible du même vandale. Un autre voisin examine sa voiture et c'est ainsi que de voisin en voisin, le commissariat se retrouve rapidement envahi par des plaintes similaires.

D'abord les journaux, puis les radios, les chaînes de télévision répercutent la nouvelle. Les autres régions sont progressivement touchées par le phénomène. On ne pense plus que le coupable est un individu, mais qu'il s'agit plutôt d'un phénomène collectif inquiétant.

Jusqu'au Président Eisenhower qui charge une équipe d'experts d'élucider ce mystère.

Deux causes furent envisagées :

1) Des retombées dues aux récents essais nucléaires effectués par les Russes.

2) Des gouttes d'acides provenant du revêtement des autoroutes avec un produit nouveau.

Ni l'une ni l'autre n'était réelle.

Cette épidémie prit fin lorsqu'on apprit qu'il n'y avait pas plus de pare-brise griffés qu'auparavant. En fait, il s'agissait d'un cas isolé : quelqu'un avait observé son pare-brise sous un éclairage particulier et avait constaté qu'il était griffé.

La presse ayant grossi l'information, chaque automobiliste s'était mis à examiner consciencieusement le pare-brise de sa voiture et avait constaté également sa détérioration.

L'idée n'était venue à personne que le pare-brise d'une

voiture utilisée depuis un certain temps était normalement griffé. En observant minutieusement son pare-brise, cet homme avait mis en évidence un fait qui n'avait jamais été relevé auparavant.

Cette histoire vraie, fruit d'une focalisation générale, pourrait bien être en train de se reproduire aujourd'hui, dans un autre domaine, et avec des conséquences beaucoup plus dramatiques...

Le sida, abréviation de « syndrome (ensemble de symptômes qui caractérisent une maladie) d'immunodéficience acquise », est un phénomène apparu au début des années quatre-vingts.

Cela commence par l'hospitalisation à Los Angeles d'un jeune homme homosexuel. Il est fatigué. Il dort mal. Il a des poussées de fièvre inexpliquées. Il maigrit.

A l'hôpital, on ne trouve rien. On le dirige vers un hôpital universitaire pour des examens plus poussés. Là, on annonce au malade paniqué qu'il lui manque la quasi-totalité des lymphocates T4, dont le rôle est de coordonner les combats contre les microbes.

Quelques semaines plus tard, il développe des difficultés respiratoires. On identifie une pneumonie grave.

Le médecin de l'hôpital universitaire, le docteur Michael GOTTLIEB, intrigué par ce cas compliqué et obnubilé par ces symptômes, se met en chasse et découvre deux autres cas similaires. Deux autres homosexuels atteints au départ des mêmes symptômes.

Son esprit logique l'amène à penser qu'il doit s'agir d'une maladie sexuellement transmissible non encore répertoriée. Si elle n'est pas répertoriée, il faut donc la découvrir.

En 1981, le premier patient meurt des suites de sa pneumonie. Les autres ne tarderont pas à suivre.

Le docteur Gottlieb prend alors la décision d'appeler le Centre Mondial de Surveillance Epidémiologique. Le docteur James W. CURRAN, aujourd'hui directeur du programme sida, délègue le docteur SHANDERA afin qu'il vérifie les dires de GOTTLIEB. Les deux hommes se connaissent, ils ont fait leurs études ensemble. SHANDERA confirmera que l'affaire est grave. Rapidement, telle une traînée de poudre, la mobilisation se généralise partout, les médecins du monde entier reçoivent l'ordre de chercher des patients dont les symptômes correspondent à ce qui a été découvert, c'est-à-dire pneumonie à *pneumocystis carinii*, sarcome de Kaposi et lymphadénopathie (affection ganglionnaire) : des affections rares qui n'avaient jusqu'ici jamais attiré l'attention des chercheurs.

L'Epidemic Intelligence Service lâche ses médecins-détectives. Ils ne trouvent malheureusement pas grand-chose. Les malades qu'ils découvrent ont un seul point commun : ils sont homosexuels.

Mais cette seule découverte va déjà bouleverser le monde entier. Partout on parle d'un milieu qui jusqu'ici était tabou, où les pratiques sexuelles étaient généralement cachées. Le monde veut en savoir plus. Le public commence à parler du cancer « gay » (terme anglais signifiant homosexuel).

En cherchant mieux, les détectives de la santé trouvent un cas qui n'est pas homosexuel, mais toxicomane. Les nouvelles circulent vite, les médias en profitent pour grossir l'information.

Les chercheurs sont maintenant de plus en plus convaincus qu'il s'agit d'une nouvelle maladie transmissible par les rapports sexuels et le sang. Sans doute un virus qui inhibe le système immunitaire.

En 1983, à Paris, l'Institut Pasteur va, le premier, identifier un virus. Il sera suivi en 84 par les Américains.

Des anticorps sont ensuite découverts dans le sang d'un Zaïrois, échantillon qui remonte à 1959. Puis on découvre le « virus » lui-même dans le sang d'une Africaine prélevé en 1976.

A partir de là, l'actualité n'est plus seulement orientée vers les milieux minoritaires, mais vers le continent africain. La plupart des pays africains sont passés au crible. Très vite, il apparaît que le nombre de cas est affolant. Le sida s'est déjà répandu dans toute l'Afrique. Puisque l'on trouve les anticorps de virus dans le sang d'un Africain prélevé en 1959, on en déduit que la propagation du virus aux autres continents est donc venue d'Afrique. Le voyage d'un virus est cohérent.

Ce que l'on oublie de dire, c'est que les Africains se portaient jusque-là très bien !

Autres déductions, le virus du sida qui, au dire des chercheurs, risque de contaminer toute la planète provient :

1)   d'individus dont les pratiques sexuelles sont déviées,
2)   des prostituées,
3)   des drogués,
4)   des Noirs.

Or, dans les groupes à risques, c'est-à-dire les mères prostituées, droguées, les homosexuels, etc., on trouvait déjà depuis des années des décès causés par une déficience immunitaire. Comme il s'agissait d'individus « marginaux », on préférait les ignorer.

Pourquoi s'étonner si, aujourd'hui, on affirme que 95 % des enfants sidaïques appartiennent à ces groupes minoritaires à risques, que les hémophiles, par exemple, succombaient à des pneumonies, des cachexies (état d'affaiblissement extrême du corps) ou à une forme de leucémie, avant la découverte du sida ?

Les virus ont toujours existé, certains ont été répertoriés, d'autres non. Certains de ces virus ont des organes de prédilection pour se perpétuer. Certains virus se trouvent plus présents dans certaines régions du monde. C'est le cas pour l'Afrique où l'on a découvert un taux très important de « séropositifs » (porteurs d'anticorps spécifiques aux virus communément englobés sous le terme de sida).

Il en est de même pour les animaux. Par exemple le singe vert d'Afrique possède un virus similaire à celui identifié comme étant responsable du sida. Cet animal n'en souffre pas. Le virus vit bien avec son hôte. Il suffit que l'animal soit prisonnier pour qu'alors le virus devienne dangereux.

Pourquoi, dans la plupart des cas, les séropositifs ne présentent-ils aucun symptôme ?

Rappelons-nous la phrase de Claude Bernard qui a été reprise par Pasteur sur son lit de mort : « Le microbe n'est rien, c'est le terrain qui est tout. »

Pourquoi, contrairement aux autres virus, l'infection virale sidaïque n'a-t-elle pas de symptômes obligatoires ? Pourquoi y a-t-il plus de 25 symptômes différents utilisés pour vous convaincre que si vous êtes séropositif, la maladie dont vous êtes atteint provient du virus ?

Pourquoi toutes les autres maladies virales sont dites surmontées si le test des anticorps est positif, alors que l'hypothèse de la théorie sidaïque postule qu'à partir du moment où l'on est reconnu séropositif, il y a entre 50 et 100 % de chances, ou plutôt de malchances, d'attraper le sida dans les deux à cinq ans qui suivent ? Imaginez ce que cela entraîne comme conséquences psychologiques.

Tous les séropositifs ont des anticorps, ce qui veut dire normalement qu'ils ont été en contact avec le virus.

Ce sont les virologues français qui, les premiers, ont découvert le virus du sida. Les Américains les ont suivis de près, tout en laissant entendre que le virus découvert par les Français n'était pas celui du sida, puisqu'il ne correspondait pas à celui qu'ils avaient mis en évidence. L'Institut Pasteur a engagé un procès contre les Américains (qui est toujours en cours). Quoi qu'il en soit, ils découvriront vite tous les deux que le virus peut prendre plusieurs formes : il n'est pas stable et chaque forme sera rebaptisée comme s'il s'agissait d'un virus du sida.

Il y aura respectivement le virus HTLV, HTLV3, HIV, SIV, LAV2 et HTLV4. La guerre des laboratoires est sévère, certains refusent de communiquer à d'autres leurs découvertes pour les comparaisons.

Aujourd'hui, comme il n'existe aucune preuve causale étiologique entre le virus et le sida, les virologues en sont venus à dire qu'un seul virus ne suffit plus à engendrer le sida, mais qu'il faut envisager un cofacteur. Encore faut-il le découvrir. Cela permet de gagner du temps et d'ouvrir des subsides et une compétition entre pays et laboratoires d'un même pays.

Du fait qu'il n'existe pas de symptômes spécifiques du sida, toutes les portes sont ouvertes pour vous conduire vers un échafaud dont le bourreau a pour nom « sida ».

Si vous avez le malheur d'avoir de la fièvre, de la diarrhée, de l'herpès, un rhumatisme articulaire, etc., et que le test du sida soit positif, tous vos symptômes deviennent soudain « sidaïques ».

Personne n'a, à ce jour, décrit un virus qui soit la « cause » du sida. Les chercheurs américains et français n'ont fait que mettre en évidence certains virus que l'on trouve plus couramment chez les malades souffrant de déficiences immunitaires et ont décidé qu'ils pourraient bien être la cause du sida.

Pourtant, aujourd'hui le terme virus a perdu son sens restreint. Il ne s'agit plus d'un germe de maladies contagieuses telles que la grippe ou la polio. Les virologues l'ont élargi jusqu'à décrire n'importe quelle particule naturelle ou artificielle, qui peut pénétrer dans une cellule et la faire se copier elle-même en devenant une sorte de moule. La capacité à se reproduire n'existe que dans la cellule suivante; le virus n'en est pas doté.

Et les enfants dans tout cela ? 80 % des enfants infectés sont nés de mères séropositives ou ont été contaminés lors de certaines injections. Tous les enfants séropositifs ne sont pas des enfants malades.

Aujourd'hui, la plupart des séropositifs, bébés y compris, même s'ils sont bien portants, sont traités à l'AZT (Azydothymidine : traitement mis au point pour freiner la reproduction du virus). Mais l'AZT détruit les cellules sanguines, les cellules T et les lymphocytes.

Les séropositifs traités vont donc mourir d'une immunodéficience due à la destruction de leurs lymphocytes. Cela prouvera encore que le sida est très dangereux et que les séropositifs meurent bien du sida.

Certains milieux scientifiques peuvent, pour atteindre leur objectif, s'assurer l'aide de la presse. C'est ce qui se fait depuis des années pour le cancer.

A partir d'un fait divers isolé concernant un jeune homosexuel haïtien, une médiatisation à l'échelon mondial va porter les faits à une telle hauteur qu'on lira dans la presse : « Dans les prochaines années, 30 à 50 % de la population

mondiale sera touchée par le sida. » Entendez uniquement
« sera séropositive ».

De quoi meurent les séropositifs ?

Imaginez que vous ayez une forte bronchite et que tout
en vous soignant à l'hôpital, on vous fasse le test du sida et
que celui-ci s'avère positif. Comment allez-vous réagir ?

Tout d'abord le choc. Puis l'horreur, la honte : « J'ai été
contaminé, que va t'on penser de moi ? », la terreur, ensuite
la dévalorisation.

La panique et le conflit de souillure vont déclencher un
bouleversement, un déséquilibre tel que le système immunitaire va vaciller. Le conflit de souillure va, conformément
aux découvertes du docteur HAMER, permettre l'apparition
d'un cancer de la peau (conflit de souillure). S'il y a dévalorisation importante, cela pourra entraîner un cancer des os
accompagné d'anémie. La résolution du conflit provoque,
dans certains cas, des sarcomes et, dans d'autres, les
symptômes de la leucémie.

Des milliers d'individus sont séropositifs et ne le savent
pas. Ceux qui ont reçu le diagnostic positif sont susceptibles
de mourir du sida par suite des conséquences de la panique,
du conflit de souillure ou de dévalorisation de soi engen-
drées par ce diagnostic.

Alors, pour reprendre un slogan à la mode : « Si d'amour
tu veux vivre, préserve-toi », et d'ajouter « des informations
alarmistes » !

Rappelons-nous sans cesse que l'être humain n'est pas le
jouet des caprices d'une nature aveugle qui s'amuserait à
créer de nouveaux virus, plus terribles les uns que les autres.
La maladie n'est rien de plus qu'une messagère et c'est à nous
qu'il appartient de ne pas déformer son message.

Les séropositifs ne deviennent des victimes du sida que s'ils se laissent envahir par la panique, la honte et la dévalorisation mortelle.

Conclusion

Les êtres humains, tout comme la plupart des créatures vivantes, sont des entités qui apprennent. L'homme, placé dès sa naissance dans un environnement physique, doit apprendre par expérience. Il apprendra progressivement à utiliser ses mains pour saisir, sa bouche pour sucer, boire et manger, ses jambes pour se déplacer, etc. On peut, sans se tromper, affirmer qu'apprendre est une condition préalable à l'application pratique de l'expérience. Dans une vie humaine, beaucoup de temps est consacré à apprendre, d'une manière ou d'une autre.

Bien des habitudes que nous développons, qui nous aident dans les problèmes de la vie et qui font les ajustements nécessaires sont, en un sens, des réflexes conditionnés. Ce sont des modifications de la tendance innée de l'individu à agir ou réagir. Autrement dit, quand nous avons développé un réflexe conditionné, nous avons employé le processus qui consiste à apprendre.

Chez l'individu adulte, il semble de plus en plus difficile d'apprendre avec l'âge, bien que cela ne devienne pas impossible. Acquérir de nouvelles connaissances, une nouvelle compréhension, demande du temps, des efforts agréablement acceptés et de la pratique. Nous acquérons, en fait, la connaissance en pratiquant.

Si nous avons grandi, si nous avons reçu un enseignement et une éducation dans lesquels certains domaines avaient été ignorés, il nous est difficile de changer l'état de stabilité que nous avons construit. Les tensions intellectuel-

les que subit l'homme quand il est face à de nouvelles connaissances constituent les voies nécessaires de son progrès.
Elles le font changer d'apparence, tant à ses propres yeux
qu'à ceux des autres.

Imaginez la joie d'un enfant qui, combattant la loi de
gravité qui le force à rester dans une position rassurante à
quatre pattes, arrive à faire ses premiers pas. L'enfant et les
parents sont dans la joie.

Aucune joie ne saurait surpasser celle qui surgit de la
réalisation d'un idéal. Vivre en parfaite harmonie avec son
corps, avec soi-même, avec les autres est, comme nous
l'avons vu au cours de ce livre, un privilège inestimable, le
plus grand que la Terre puisse offrir.

Seuls ceux qui le souhaitent et font l'effort nécessaire en
obtiennent la réalisation. Encore faut-il avoir la connaissance
qui conduit à cette réalisation.

L'enfant à qui on a appris que le feu est dangereux et qui
l'apprend à ses dépens n'aura pas besoin d'une deuxième
expérience pour apprendre, une seule aura suffit. Certes, il a
fallu à l'homme beaucoup de temps pour apprivoiser et utiliser le feu, et nul aujourd'hui ne refuserait les avantages du
feu pour la seule raison qu'il brûle lorsqu'on le touche.

Depuis longtemps, l'homme est malade; depuis longtemps, l'homme se brûle à la maladie, car il ne tient pas
compte des lois qui régissent la santé.

Au cours de ce livre nous avons parcouru certaines lois
qui nous permettent de comprendre le mécanisme psychosomatique de la cancérisation. Des outils nous ont été
présentés qui, si nous les utilisons, vont nous aider à
« apprivoiser le cancer ».

Dans le passé, nous avons appris l'importance de respecter une hygiène équilibrée pour améliorer les conditions et
allonger l'échéance de notre vie. Aujourd'hui, nous avons
pris l'habitude, car cela fait partie de la vie de tous les jours,
de nous laver le corps et de nous brosser les dents régulièrement. L'importance d'une alimentation équilibrée, d'un exercice régulier et d'un sommeil suffisant sont de plus en plus
reconnus.

L'homme de demain reconnaîtra qu'une hygiène mentale et émotionnelle est tout aussi nécessaire que l'hygiène physique et l'équilibre alimentaire. Toutes les émotions inférieures, toutes les inhibitions que l'homme s'impose, seront reconnues comme étant des facteurs qui prédisposent aux maladies. Notre humanité apprendra à apprivoiser ses émotions négatives et nous verrons progressivement disparaître le cancer et bien d'autres maladies.

Tous ceux qui sont revenus de la frontière de la mort ont été métamorphosés et leur vie a changé.

Tous les cancéreux qui avaient été condamnés et qui ont guéri ont également été transformés : leur vie s'est enrichie d'une dimension spirituelle. Le cancer a été pour eux une initiation à un autre plan de conscience...

ANNEXES

Exercice de relaxation

Avant de pratiquer un exercice de relaxation et de visualisation, s'arranger pour ne pas être dérangé pendant au moins vingt à trente minutes.

Décrocher le téléphone ou avertir l'entourage de ne pas déranger.

Se mettre à l'aise, dégrafer sa ceinture, enlever ses lunettes, desserrer sa cravate, etc.

S'installer confortablement (fauteuil, lit, tapis, assis ou couché).

Sitôt installé, prendre conscience, tout en gardant les yeux ouverts, des bruits qui proviennent de l'extérieur. Essayer de découvrir des sons qui n'étaient pas perçus auparavant. Faire cela environ deux minutes. Ensuite, observer l'endroit où l'on se trouve. Là encore, prendre conscience de certaines choses que l'on n'avait pas remarquées précédemment.

Progressivement, amener sa perception vers les choses et objets plus proches de soi.

Si l'on est assis, regarder ses chaussures, ses vêtements, ses mains, etc. Faire cet examen d'observation lentement, en partant de la vision éloignée vers la vision rapprochée.

Vérifier si l'on est agréablement installé. Inspirer profondément et, à l'expiration, fermer les yeux.

Porter ensuite son attention sur le rythme de sa respiration. Observer simplement le rythme de la vie en soi.

Tout en restant en contact avec le rythme de la respiration, diriger sa conscience vers le pied droit.

Ressentir à cet endroit, soit de la fraîcheur ou une légère

chaleur, soit de légers fourmillements ou picotements, ou toutes autres sensations qui indiquent que l'on est bien en contact avec la conscience des cellules de son pied droit. Imaginer et ressentir ensuite que le pied droit est comme un ballon qui gonfle à l'inspiration et se dégonfle à l'expiration. Cela aura pour but de détendre de plus en plus le pied lors de l'expiration.

Continuer avec la jambe droite : visualiser et ressentir toute la jambe, des orteils jusqu'à la hanche, qui se gonfle et se dégonfle.

Faire de même avec le pied et la jambe gauches.

Passer ensuite séparément au tronc, au dos, à la poitrine. Gonfler et dégonfler toutes ces parties.

Continuer avec les mains, les bras, les épaules, la nuque et la tête.

Imaginer et ressentir que tout son corps vit au rythme de la respiration.

Remarquer que, par moments, on aura envie d'inspirer plus profondément; suivre naturellement cette demande du corps.

Sitôt cet exercice de relaxation terminé, se visualiser baignant ou étant entouré d'une belle couleur lumineuse. A l'inspir, visualiser que cette onde lumineuse pénètre dans les poumons, et des poumons dans le corps.

Si l'on éprouve des difficultés pour imaginer la couleur, se procurer une feuille de plastique translucide de la couleur choisie.

Avec cette feuille, que l'on place devant les yeux, on arrive plus facilement à se familiariser avec cette façon de voir la lumière colorée.

Après environ une minute de bain dans la couleur visualisée, l'on peut commencer l'exercice de visualisation tel qu'il est proposé au chapitre V.

Je recommande, lors de la chimiothérapie ou de la radiothérapie, de visualiser son corps illuminé ou baignant dans la couleur verte.

Quand l'exercice est terminé, y compris la visualisation du symbole cancer/guérison, reprendre conscience de la respiration et des sons qui proviennent de l'extérieur. Inspirer profondément et ouvrir les yeux. Ne pas oublier de remercier son corps et de se remercier pour avoir participé à la guérison.

Corrélations entre conflits et cancers découverts chez des patients grâce à la loi d'airain du cancer

1. Cancer du sein gauche

Depuis son mariage, elle travaille pour pouvoir construire leur « chez-soi ». Elle fait même des ménages le soir pour la caisse « construction maison ».

Un jour, lors d'une dispute, son mari lui dit : « Tu ne penses pas sérieusement qu'on va construire une maison, notre appartement est suffisant et la location est très avantageuse. »

En un instant son rêve de toujours s'écroule. Elle n'aura pas sa maison, son nid pour dorloter sa famille. Le mari lui fait comprendre qu'il ne faut plus y revenir, que sa décision est définitive.

« D'ailleurs, dit-il, tu me remercieras plus tard car tu n'as pas l'air de te rendre compte du travail que cela implique d'habiter dans une maison. »

Quatre mois plus tard, on découvre un cancer du sein.

Le cancer du sein gauche chez une droitière est provoqué par ce que le docteur HAMER appelle un conflit du « nid ». Il peut s'agir d'un conflit avec un enfant, un élève, à propos de la maison-nid, d'un mari-enfant, etc.

2. Cancer du sein droit

Sa mère est soudain atteinte de la maladie d'Alzheimer. Elle décide de la prendre chez elle. Après quelque temps, elle constate avec stupéfaction que sa mère délire de plus en plus et que, par moments, elle parle avec les morts.

La patiente ne sait plus que faire. Doit-elle placer sa mère dans un établissement spécialisé ? Cette décision l'obsède et la fait souffrir.

Il s'agit, ici aussi, d'un conflit du « nid » identique au cancer du sein gauche chez une droitière. Comme elle est gauchère, les hémisphères cérébraux sont inversés. Chaque hémisphère contrôle le côté opposé du corps.

3. Cancer du sein gauche

Après son mariage, elle remarque qu'à la suite de chaque rapport sexuel, son sein gauche gonfle. Elle ne supporte pas la pénétration. Son mari tombe gravement malade. Même alité, il souhaite des rapports tous les jours. Elle ne peut plus le tolérer. Mais comme il est malade, elle essaie de ne pas trop le bousculer.

Il s'agit dans ce cas d'un conflit femme/époux à coloration sexuelle chez une gauchère. Un conflit humain d'ordre général peut également provoquer ce type de cancer, tout comme un conflit mère/enfant dont la relation est distante.

Cancer du sein droit

> Le chien de sa voisine abîma des plantes de son jardin qu'elle venait de planter. Pour le chasser, elle lança un objet qui, malheureusement, atteignit l'animal.
>
> La voisine, qui était sortie entre-temps, assista à l'événement et l'insulta violemment. Elle en profita pour déclarer qu'elle ne voulait plus la voir ni l'entendre et que, dorénavant, elle ne pourrait plus utiliser son téléphone. La patiente choquée y pensa tous les jours pendant plus de trois mois.
>
> Lors d'une visite de routine, on lui annonça qu'elle devait revenir pour des examens plus approfondis. On diagnostiqua un cancer du sein. Elle se sentit atteinte dans sa féminité.

Le cancer du sein droit chez une droitière est en relation avec un conflit humain général, comme pour le cancer du sein gauche chez une gauchère. Il peut s'agir du mari, d'un patron, d'un ami, d'un collègue, d'un enfant ou d'une mère quand la relation est distante, etc.

5. Cancer du larynx, des ganglions du bras et du cou

> Lors de l'opération de la patiente précédente (voir N° 4), on lui enleva également un ganglion du bras droit de 2 cm, car il était déjà infecté, et un ganglion au cou.

En fait, le ganglion lymphatique du bras est en relation avec le conflit d'angoisse et de dévalorisation survenu après la visite de routine.

L'aisselle gauche : Je suis un(e) mauvais(e) père/mère. L'aisselle droite : Je suis un mauvais époux(se), un piètre professeur, etc. Dans le cas d'une dévalorisation plus importante, il y aura cancer des os.

Une angoisse plus forte du genre « la peur m'a prise à la

gorge » provoque un ganglion au cou. Un conflit de peur du genre « J'en ai eu le souffle coupé » provoque un cancer du larynx. La femme gauchère ne peut faire un cancer du larynx qu'après la ménopause.

6. Cancer de la peau (mélanome fesse droite)

Un mois auparavant, en classe, il avait joué un mauvais tour au professeur. Ce dernier n'avait pas supporté la farce et, persuadé de savoir de qui elle venait, il avait puni un innocent qui s'avérait être le meilleur ami du patient. Le professeur expulsa de la classe l'innocent avec un coup de pied au derrière.
L'auteur de la blague n'avoua pas sa responsabilité à son ami, mais cela l'obséda pendant plusieurs nuits.

Le cancer de la peau est causé par un conflit de honte et de souillure. Dans l'exemple, le patient vécut le conflit d'atteinte à l'intégrité physique de son ami par identification.

7. Cancer du poumon (taches rondes)

Un père, après avoir conduit son fils unique à l'école, assiste impuissant à un accident mortel. Un garçon de l'âge de son fils est tué par un conducteur qui venait de perdre le contrôle de son véhicule.
Il est ébranlé, n'en parle pas à sa femme ni à son fils, de peur de les inquiéter inutilement.
Tous les jours, il pense à son fils. Comment réagirait-il s'il se faisait écraser ? Il lui arrive de se réveiller en sueur. Dans le cauchemar, son fils se fait renverser par un camion.

Les taches rondes aux poumons proviennent de la peur de la mort, de la peur de souffrir de la mort. La peur archaïque d'étouffer, de ne plus pouvoir respirer.

8. Cancer du rein

A l'âge de dix ans, alors qu'il était à la mer, il a été emporté vers le large. Après avoir bu quelques « tasses », il a été repêché par son frère aîné qui avait assisté à l'événement.

Cette vision de noyade dura environ deux à trois semaines, puis s'atténua.

Il ne se rappelle plus quand exactement, mais plus ou moins un ou deux mois après, il urina un peu de sang. Puis, comme cela ne dura pas, il n'y pensa plus.

A l'âge de quarante-deux ans, il tomba d'un escabeau. A l'hôpital, on trouva par hasard un cancer du rein pour lequel on le traita inutilement. En effet, le cancer du rein est toujours en relation avec des liquides.

Dans ce cas-ci, le conflit était résolu depuis longtemps et la tumeur au rein était enkystée.

9. Cancer de la plèvre gauche

Depuis quelques années, cette patiente droitière en a « ras le bol » de son métier d'enseignante. A cause des restructurations, le personnel enseignant a été réduit de moitié et le nombre d'enfants est plus élevé. En classe, elle essaye de cacher qu'elle n'arrive plus à supporter les élèves. Elle sait qu'ils n'y sont pour rien, mais ne peut s'empêcher d'y penser.

Il s'agit ici du même conflit que pour le cancer du sein gauche, mais il est plus intériorisé. Pendant la durée du conflit, elle eut une pleurésie. Elle arrêta de travailler, ce qui l'arrangeait bien. Pendant la phase de guérison, il y a eu un épanchement pleural.

10. Cancer des bronches

Après des études secondaires brillantes, il doit arrêter car ses parents ne peuvent pas le soutenir financièrement. Tout en travaillant, il va poursuivre ses études le soir. Quelques années plus tard, il créera sa propre entreprise. Il se marie et rapidement le couple a un enfant : une fille qu'il adore. Malheureusement, ses affaires l'obligent à se lever tôt et à travailler souvent tard le soir. Il voudrait pouvoir consacrer plus de temps à sa fille. Il est tiraillé entre ses responsabilités et son envie de tout abandonner pour elle.

Un jour, il entend sa fille dire à sa mère qu'elle n'aime plus son père car il ne pense qu'à ses affaires. A partir de ce jour-là, il ne dort plus et ne mange plus. La société qu'il avait créée périclite et cela s'ajoute à ses tourments.

Le cancer bronchique est provoqué par un conflit de territoire chez l'homme droitier et la femme âgée.

Un conflit sexuel chez une femme gauchère et un homme âgé est responsable également d'un cancer bronchique.

11. Cancer du foie

Le fils du patient fait une tuberculose. Il dépérit et refuse de se soigner. Comme il ne travaille plus, il risque de perdre sa place. Le patient a peur qu'il ne meure et que sa belle-fille ne puisse plus le garder avec elle.

Les contrariétés territoriales et les querelles d'argent provoquent le cancer du foie et des voies biliaires chez l'homme droitier et chez la femme âgée droitière. Les conflits féminins d'abandon et de solitude morale, parce que le territoire n'est pas commandé, provoquent les mêmes cancers chez la femme gauchère et chez l'homme âgé gaucher.

12. Cancer de l'estomac

> Il attendait la fin de sa carrière avec impatience car il savait qu'avant sa retraite, il allait normalement être nommé chef de division, peut-être même chef d'arrondissement.
>
> Il n'a pas été nommé car on a mis un jeune universitaire « pistonné » à la place qu'il méritait. Il n'a pas pu « digérer » ce qu'on lui a fait. Il a toujours travaillé dur et voilà qu'on l'exclut.

Ce type de conflit, « ne pas pouvoir digérer », est responsable de son cancer à l'estomac.

13. Cancer du pancréas

> En tant qu'administrateur, il assiste impuissant, lors d'une réunion, à des décisions ignobles contre un membre du personnel.

Ce conflit de répugnance et d'ignominie est responsable du cancer du pancréas.

14. Cancer du côlon

> Elle apprend que sa fille a été battue par son beau-fils. Elle n'admet pas que sa fille se soumette à cet homme qu'elle ne supporte pas. Depuis peu, ils sont venus habiter en face de chez elle. Il fait cela pour la narguer, pour lui montrer qu'il n'a pas peur d'elle. Sa fille n'ose même pas venir se plaindre car, bien qu'elle soit battue, elle aime son mari. La patiente est révoltée, elle ne peut accepter que sa fille aînée aime ce « salopard ».

Le conflit de vilenie, de contrariété en relation avec la famille, est responsable du cancer du côlon.

15. Cancer de la vessie et de la prostate

Sa fille aînée divorce. Il doit s'occuper de loger sa fille et ses petites-filles qu'il aime plus que tout au monde. Quelque mois plus tard, sa deuxième fille quitte son mari. Une de ses petites-filles doit ensuite être hospitalisée pour une maladie de Hodgkin. Il s'inquiète beaucoup pour elle, n'arrête pas d'y penser. Parallèlement, il rumine d'autres pensées : « Personne n'a jamais divorcé dans ma famille, jamais personne n'a quitté son conjoint. Aujourd'hui les traditions familiales sont bafouées et que deviennent les enfants dans tout cela ? »

Le conflit de grand-père pour ses petits-enfants est responsable du cancer de la prostate et le conflit du territoire familial menacé (conflit de marquage du territoire) a créé le cancer de la vessie.

16. Cancer du testicule

Il est journaliste. On lui propose de s'occuper de lancer sur le marché de la communication un nouveau magazine. Il s'investit à fond dans ce projet. C'est un battant et il est ambitieux. Deux mois avant le jour J, le patron décide d'annuler la sortie du magazine.
Le patient n'en revient pas. Il vient de perdre en un instant un projet auquel il tenait tant. Tous ses rêves s'écroulent.

Le conflit à l'origine du cancer du testicule est la perte d'un être aimé ou la perte d'un objet d'amour. Il peut s'agir d'un enfant, d'un ami, d'un travail, d'un projet auquel on tient beaucoup.

17. Cancer de l'ovaire

Elle est mariée depuis un an quand son mari, qui est médecin, est tué dans un accident. Elle n'arrive pas à accepter sa mort. Cinq mois et demi après son décès, son gynécologue découvre un cancer de l'ovaire.

Le conflit à l'origine du cancer de l'ovaire est identique au conflit de perte du cancer testiculaire.

18. Cancer du col de l'utérus et du vagin

Elle s'est donnée entièrement à un homme, tardivement. Pour la première fois de sa vie, elle s'est sentie femme. Un an plus tard son ami la quittait pour une autre femme. Elle s'est sentie complètement abandonnée. Elle n'a plus eu qu'une idée : retrouver un homme pour se sentir de nouveau femme. Cela l'obsédait. Elle se sentait frustrée de n'être plus comblée sexuellement.

Le conflit de ne pouvoir être comblée sexuellement est responsable du cancer du vagin chez une droitière. Si elle avait été gauchère, elle aurait eu un épanchement du péricarde gauche et souffert d'une tamponnade cardiaque et en même temps d'un cancer ulcératif bronchique.
Le conflit de ne plus avoir quelqu'un pour diriger son territoire associé au conflit de frustration sexuelle a provoqué le cancer du col de l'utérus.

19. Liposarcome à la cuisse droite

Son épouse devient de plus en plus dominatrice. Il est très sensible et en souffre énormément. Il pense qu'il aurait dû divorcer, mais il est trop tard.
Un jour, devant des amis, elle l'a humilié. Il a alors revécu une scène de son passé : son père l'avait forcé

un jour à se mettre à genoux en tapant sur ses cuisses. Il en avait été honteux (le patient avait eu quelque temps après une lymphangite).

Il s'agit ici, dans les deux cas, d'un conflit de dévalorisation. Les conflits de dévalorisation sont responsables des sarcomes, des nécroses des vaisseaux sanguins et des muscles.

20. Cancer des os de la jambe droite

Son mari est très autoritaire. Un jour elle ne peut éviter un automobiliste qui freine brutalement alors que le feu était vert. Elle essaye de freiner à son tour pour l'éviter, mais son réflexe est trop lent et c'est l'accident. Comme elle est sous le choc, elle laisse le responsable de l'accident remplir les papiers à remettre à l'assurance.

De retour chez elle, les choses ne sont pas terminées. Son mari, apprenant la nouvelle, la traite d'incapable. Il renchérit quant il constate que la déclaration signée par son épouse la déclare en tort.

Pendant des jours et des jours, il va l'injurier. Il lui interdira de conduire car, dit-il, elle n'est même pas capable de freiner quand il faut.

Cette grave dévalorisation provoque l'ostéolyse des os de la jambe responsable de l'accident.

Une dévalorisation sexuelle importante peut créer un cancer des os du bassin.

Une dévalorisation intellectuelle peut engendrer un cancer de la calotte crânienne et des vertèbres cervicales.

Une dévalorisation sportive peut provoquer un cancer du poignet, du pied, de l'épaule, etc., en relation avec l'activité sportive.

Le conflit de dévalorisation chronique est responsable des rhumatismes. Il est normal de rencontrer plus de rhumatismes chez les personnes âgées, car les conflits de réduction d'activité deviennent plus fréquents.

N. B. Il est bon de rappeler que ce sont toujours des conflits vécus dans l'isolement qui débouchent sur des cancers.

Pour en savoir plus, il est conseillé de lire les deux volumes *Fondement d'une Médecine nouvelle,* du docteur Ryke Geerd HAMER.

Bibliographie

1. AMIEL-LEBIGRE (Françoise) : Evénements de vie et risque psychopathologique. Lyon : Simep, 1985.
2. ANCELIN-SCHUTZENBERGER (Anne) : Vouloir guérir. Paris : Erès/La Méridienne, 1985.
3. ASSAGIOLI (Roberto) : Psychosynthèse. Paris : Epi, 1983. (trad. fr. de : The act of will, 1972).
4. BACH docteur (Edward) : La guérison par les fleurs. Paris : Courrier du livre, 1972. (Trad. fr. de : Heal thyself et The twelve healers and other remedies, 1931).
5. BANDLER (Richard), GRINDER (John) : Les secrets de la communication. Montréal : Editions du Jour, 1979 (trad. fr. de : Frogs into princes).
6. BECK (James), DEVA : Les endorphines. Barret-le-Bas : Le Souffle d'Or, 1988.
7. BOUREAU docteur (François) : Contrôlez votre douleur. Paris : Payot, 1986.
8. CAPRA (Fritjof) : Le temps du changement. Monaco : Le Rocher, 1983.
9. CHANCELLOR (Philip) : Manuel des fleurs guérisseuses du docteur Bach. Paris : Courrier du livre, 1988. (trad. fr. de : Illustraded handbook of the Bach flower remedies, 1971).
10. CHARON (Jean E.) : L'esprit cet inconnu. Paris : Albin Michel, 1977.
11. CHARON (Jean E.) : Les lumières de l'invisible.

Paris : Albin Michel, 1985.

12. Collectif : Le cerveau. Paris : Pour la science, 1978. (Edition fr. de : Scientific american).

13. Congrès du cap d'Agde octobre 1986 : Médecine de l'essence. Barret-le-Bas : Le Souffle d'Or, 1988.

14. COUSINS (Norman) : La volonté de guérir. Paris : Seuil, 1980 (trad. fr. de : Anatomy of an Illness as perceived by the patient, 1979).

15. DENIS (Jaffe) : La guérison est en soi. Paris : Laffont, 1981.

16. DESOILLE (Robert) : Théorie et pratique du rêve éveillé dirigé. Genève : Mont Blanc, 1961.

17. DROUOT (Patrick) : Nous sommes tous immortels. Monaco : Le Rocher, 1987.

18. FELDENKRAIS (Moshe) : La conscience du corps. Paris : Laffont, 1971. Rééd. Bruxelles : Marabout, 1982

19. FERNANDEZ-ZOILA (Adolfo) et SIVADON (Paul) : Corps et thérapeutique - Une psychopathologie du corps. Paris : PUF, 1986.

20. FRETIGNY (R), VIREL (A) : L'imagerie mentale. Introduction à l'onirothérapie. Genève : Mont Blanc, 1968.

21. GAWAIN (Shakti) : Techniques de visualisation créatrice. Genève : Ed. Soleil, 1984.

22. GLASSER (Ronald) : C'est le corps qui triomphe. Paris : Laffont, 1978 (trad. fr. de : The body is the hero, 1976).

23. GUILMOT (Max) : Le testament de la connaissance. Villeneuve-Saint-Georges : Ed. Rosicruciennes, 1982.

24. GUYOTAT (J) et FEDIDA (P) : Evénement et psychopathologie, Lyon : Simep, 1985.

25. GUYTON (C. Arthur) : Neurophysiologie. Paris : Masson, 1984. (trad. fr. de : Basic human neurophysiology, 1981).

26. HAMER docteur (Ryke Geert) : Fondement d'une médecine nouvelle, Tome I, 1ère partie. Tome I,

2ème partie. Chambéry : ASAC, 1988 (ASAC - BP 134 - F-73001 Chambéry).

27. HAMER docteur (Ryke Geert) : Genèse du cancer. Chambéry : ASAC, 1986 (résumé : Cancer, maladie de l'âme).

28. HAMER docteur (Ryke Geert) : L'infarctus, maladie de l'âme. Chambéry : ASAC, 1986.

29. JACOBSON (Edmund) : Savoir relaxer pour combattre le stress. Montréal : Ed. de l'Homme, 1980. (trad. fr. de : You must relax, 1957/1976).

30. KOECHLIN de BIZEMONT (Dorothée) : L'univers d'Edgar Cayce. Paris : Laffont, Tome I (1985), Tome II (1987).

31. KÜBLER-ROSS (Elisabeth) : Les derniers instants de la vie. Genève : Labor & Fides, 1975.

32. KÜBLER-ROSS (Elisabeth) : La mort, dernière étape de la croissance. Ottawa : Ed. Québec-Amérique, 1976.

33. KÜBLER-ROSS (Elisabeth) : Vivre avec la mort et les mourants. Genève : Tricorne, 1984. (trad fr. de : Living with death and dying, 1981).

34. LABORIT (Henri) : L'agressivité détournée. Paris : Union Générale d'Editions, 1971.

35. LABORIT (Henri) : L'inhibition de l'action. Paris : Masson, 1979.

36. LECLAIRE (Serge) : Démasquer le réel. Paris : Le Seuil, 1971.

37. LeSHAN (Lawrence) : Vous pouvez lutter pour votre vie. Paris : Laffont, 1982. (trad. fr. de : You can fight for your life).

38. MAC GAREY docteur (William A.) : Les remèdes d'Edgar Cayce. Monaco : Le Rocher, 1988.

39. MASLOW (Abraham) : Vers une psychologie de l'être. Paris : Fayard, 1972. (trad. fr. de : Toward a psychology of being, 1968).

40. MATTHEWS-SIMONTON (Stephanie), SHOOK (Robert) : La famille, son malade et le cancer. Paris : EPI, 1984. (trad. fr. de : The Healing family, 1984).

41. MILLMAN (Dan) : Le Guerrier Pacifique. Genève : Ed. Vivez Soleil, 1985.

42. MOIROT docteur (Michel) : L'origine des cancers. Paris : Lettres Libres, 1985.

43. MONROE (Robert) : Voyage hors du corps. Paris : Laffont, 1977. Rééd. Le Rocher, 1989.

44. MOODY docteur (Raymond) : La vie après la vie. Paris : Laffont, (trad. fr. de : Life after life, 1975).

45. MOODY docteur (Raymond) : Lumières nouvelles sur la vie après la vie. Paris : Laffont, 1978. (trad. fr. de : Reflections on life after life, 1977).

46. MOODY docteur (Raymond) : Lumière de l'au-delà. Paris : Laffont, 1988.

47. ONSLOW docteur (Wilson) : Les glandes - Miroir du moi. Villeneuve-St-Georges : Ed. Rosicruciennes, 1986.

48. OSTRANDER (Sheila), SCHROEDER (Lynn) : Les fantastiques facultés du cerveau. Paris : Laffont, 1980. (trad. fr. de : Superlearning, 1979).

49. PROGOFF (Ira) : Le Journal intime intensif. Montréal : Ed. de l'Homme, 1984.

50. RING (Kenneth) : Sur la frontière de la vie. Paris : Laffont, 1982. (trad. fr. de : Life at death, 1980).

51. ROSENTHAL (Robert), JACOBSON (Leonore) : Pygmalion à l'école. Paris : Casterman, 1971. (trad. fr. de : Pygmalion in the classroom, 1968).

52. SALOMON (Ionah Sarah) : Fleurs et santé. Barret-le-Bas : Le Souffle d'Or, 1983.

53. SAMI (Ali) : Corps réel. Corps imaginaire. Paris : Dunod, 1984.

54. SCHALLER docteur (Christian Tal) : Rire pour guérir. Genève : Ed. Vivez Soleil, 1995.

55. SCHALLER docteur (Christian Tal) : Mes secrets de santé-soleil. Genève : Ed. Vivez Soleil, 1995.

56. SELYE (Hans) : Le stress de la vie. Paris. Gallimard, 1975. (trad. fr. de : The Stress of life, 1956).

57. SELYE (Hans) : Stress sans détresse. Montréal : Ed.

Presse, 1976. (trad. fr. de : Stress without distress, 1974).

58. SHELDRAKE (Rupert) : Une nouvelle science de la vie. Monaco : Le Rocher, 1985. (trad. fr. de : A new science of life, 1981).

59. SIMONTON (Carl), MATTHEWS-SIMONTON (Stéphanie), CREIGHTON (James) : Guérir envers et contre tout. Paris : EPI, 1982. (trad. fr. de : Getting well again, 1978).

60. SIPTZ (R.) : De la naissance à la parole. Paris : PUF, 1976 (trad. fr. de : The first year of life, 1965).

61. SOLEIL Docteur : Apprendre à se nourrir. Genève : Ed. Vivez Soleil, 1983, et Hygiène intestinale, Genève : Ed. Vivez Soleil, 1987.

62. SPIEGEL (John), MACHETKA (Pavel) : Messages of the body. New York : The Free Press, 1974 (non traduit).

63. STEINER (Rudolf) : La Mort, métamorphose de la vie. Paris : Triades, 1918, 1984.

64. STIEGER (Edouard) : Régénération par la marche afghane. Paris : Trédaniel, Ed. La Maisnie, 1981.

65. STOKES (Gordon), WHITESIDE (Daniel) : One brain. New York : Three in One Concepts (trad. fr. en cours).

66. VAN EERSEL (Patrice) : La source noire. Paris : Grasset "Le Livre de Poche", 1986.

67. WAMBACH (Helen) : Revivre son passé. Paris : Laffont.

68. WEGH (Cécile) : Je ne lui ai pas dit au revoir. Paris : Gallimard, 1980.

DEMANDEZ
LE CATALOGUE GRATUIT

aux Editions Vivez Soleil

France : BP 18, 74103 Annemasse Cedex
Tél. 04.50.87.27.09
Fax. 04.50.87.27.13

Suisse : CP 313, 1225 Chêne-Bourg / Genève
Tél. (022) 349.20.92

Les Editions
Vivez Soleil

Beaucoup de gens croient que la maladie survient par hasard et que la santé consiste surtout à vivre comme un ascète en se privant des plaisirs de la vie !

Au fil des livres et cassettes des Editions Vivez Soleil une autre vision émerge. Oui, il est possible de sortir de l'ignorance, de la peur et de la maladie sans se priver ni se marginaliser. Oui, la santé, ça s'apprend !

Par une démarche personnelle d'information et d'expériences agréables et intéressantes, chacun peut sortir de la prison des habitudes et trouver l'équilibre du corps, du cœur, de la tête et de l'âme qui mène vers le bien-être, l'enthousiasme, la créativité et le bonheur.

A travers leurs collections *SANTÉ, DÉVELOPPEMENT PERSONNEL* et *COMMUNICATION SPIRITUELLE*, les Editions Vivez Soleil présentent les moyens les plus efficaces pour gérer sa vie et sa santé avec succès. Elles montrent la complémentarité de toutes les écoles de pensée et œuvrent pour une société plus harmonieuse, plus agréable à vivre, où la compétition est remplacée par la collaboration, le stress par l'humour et l'amour du pouvoir par le pouvoir de l'amour.

Quelques ouvrages
dans la même collection...

Jardiner Naturel
Dr Christian Tal Schaller et son équipe
De nombreux travaux de recherche montrent que les fruits et légumes cultivés biologiquement contiennent 25% de plus de vitamines, d'enzymes et d'oligo-éléments que des végétaux cultivés avec des engrais chimiques. Cultiver et manger des légumes et des fruits de qualité : c'est l'un des secrets de la santé.

Ce livre est un véritable guide pratique et pédagogique. Il démontre les remarquables possibilités du jardinage d'intérieur, qui permet de produire chez soi en toute saison des aliments super-vivants.

Les Cinq Tibétains
Peter Kelder
L'Occident découvre aujourd'hui les secrets de vitalité cachés depuis des siècles dans des monastères tibétains. Ce livre vous révèle les méthodes extraordinaires de ces sages pour retrouver et conserver vitalité et jeunesse. La seconde partie de l'ouvrage présente des différents modes de détoxication, de purification et d'alimentation vivante. Avec ces exercices, vous éprouverez une sensation de bien-être instantanée et votre vitalité ne cessera de croître au fil des jours. Cet ouvrage est enrichi de récits de lecteurs enthousiastes qui ont transformé leur vie grâce à ce livre.

Vaccinations

Marie-Thérèse Quentin

Il est dit souvent que la vaccination est synonyme de prévention et de prudence. Mais qu'en sait-on au juste ? Ce livre nous permet, en toute connaissance de cause, de nous poser la question de l'utilité des vaccins ou de leur nocivité.

A l'aide de nombreuses études et documents, il nous permet de faire nos choix après une véritable information sur ce problème. Car la liberté de préserver son capital santé comme il l'entend n'est-elle pas le privilège de l'homme responsable ?

Hypnose et Santé

Dr Claude Bernat

L'hypnose est employée depuis la plus Haute Antiquité pour ses possibilités thérapeutiques extraordinaires. L'auteur répertorie les différentes techniques, nous révèle les moyens de pratiquer l'hypnose sur les autres et nous fait découvrir qu'elle peut traiter efficacement de nombreuses maladies, bénignes ou plus graves. Cet ouvrage d'une grande clarté rend sa véritable place à cette forme de médecine aux effets rapides et spectaculaires.

Dans
d'autres collections...

Je Veux, j'Obtiens - *Julia Hastings*

La visualisation créatrice est l'art d'utiliser son imagination pour réaliser un désir. Cette technique est remarquable dans tous les domaines de la vie... Son efficacité n'est plus à démontrer dans le domaine sportif où elle s'est fait connaître. Aujourd'hui, elle est reconnue comme une clef essentielle de la réussite.

Vous découvrirez alors que chaque jour, chaque instant, est une porte ouverte pour recevoir ce que la vie a de mieux à vous offrir.

L'Ennéagramme - *Helen Palmer*

Véritable outil d'évolution personnelle, l'ennéagramme s'adresse à ceux qui s'intéressent à la découverte de soi. Ce système est constitué de neuf types fondamentaux qui sont basés sur nos motivations inconscientes, nos émotions. D'une utilisation simple, il nous amène à identifier le type auquel notre comportement se réfère. Pour dépasser nos limites et ouvrir de nouveaux horizons, l'ennéagramme est un moyen d'accomplissement personnalisé d'une grande finesse. Aujourd'hui répandue aux Etats-Unis, cette technique fut longtemps maintenue secrète. Jadis transmise uniquement de bouche à oreille, ses origines remontent à la source de la Tradition.

Manuel de Communication Spirituelle
Sanaya Roman et Duane Packer

Contrairement à une idée reçue, il n'est pas nécessaire de posséder un don pour communiquer avec un guide spirituel. Les auteurs vous le démontrent. Leur ouvrage est un manuel de channeling qui permet à toute personne attirée par la communication spirituelle d'établir une relation avec des dimensions supérieures de conscience. Ce livre vous explique toutes les étapes et répond à toutes vos questions.

La Guérison d'Esther - *Divaldo Pereira Franco*

Voici une histoire vraie et porteuse d'espoir pour ces malades mentaux qui sont condamnés à souffrir sans autre traitement qu'une camisole de force chimique. Une jeune fille internée dans un hopital est sauvée grâce au travail spirituel d'un groupe de prière qui collabore avec des guides spirituels pour ouvrir le chemin de la guérison par les forces de l'amour et de la conscience. Ce livre montre comment les êtres humains progressent, de vie en vie, pour se libérer de leurs jugements et des souffrances qu'ils entraînent, afin de pouvoir enfin vivre dans la lumière et la joie.

Achevé d'imprimer en novembre 1996
sur rotative par l'Imprimerie Darantiere à Dijon-Quetigny
Imprimé en France

Dépôt légal : 4e trimestre 1990
N° d'impression : 96-1139